Gedachten in glas
Václav Cígler en zijn school

Thinking in glass
Václav Cígler and his school

Beáta Balgavá
Titus M. Eliëns

Waanders Uitgevers, Zwolle
Gemeentemuseum Den Haag

Václav Cígler en zijn school

# Gedachten in glas

# Thinking in glass

Václav Cígler and his school

# Inhoud

# Contents

Het Gemeentemuseum Den Haag beheert een van de mooiste en meest complete glascollecties van Nederland. Deze verzameling strekt zich uit van glaswerk uit het Romeinse rijk en Islamitische cultuurgebied, zeventiende- en achttiende-eeuws West-Europees glas tot Nederlands glaswerk uit het interbellum en voorbeelden van de hedendaagse glaskunst. Zonder overdrijving kan worden gesteld dat deze collectie representatief is voor de eeuwenoude geschiedenis van glas.

Toch kent de verzameling een belangrijk hiaat, te weten de moderne glaskunst uit Tsjecho-Slowakije, het tegenwoordige Tsjechië en Slowakije. Hier heeft zich een geheel eigen richting binnen de internationale glaskunst ontwikkeld die wordt gekenmerkt door de toepassing van optisch glas, een glassoort waarbij de effecten van licht optimaal worden uitgebuit.

Dit was dan ook de reden dat, toen zich de unieke mogelijkheid voordeed een van de grootste particuliere verzamelingen van Tsjecho-Slowaaks glas tentoon te stellen, deze door het Gemeentemuseum met beide handen werd aangegrepen. Deze privécollectie betreft de imposante verzameling van voornamelijk Slowaaks glaswerk die in de afgelopen 25 jaar door Valentine Zaremba en Sam Jonker is opgebouwd.

Zoals dat voor nagenoeg alle particuliere collectioneurs geldt, kennen ook Zaremba en Jonker hun eigen voorkeuren. De publicatie *Thinking in Glass - Václav Cígler en zijn school* en de begeleidende tentoonstelling laten dan ook de persoonlijke keuzes zien die de twee verzamelaars in de loop der jaren uit de rijke hedendaagse glaskunst van Tsjechië en vooral Slowakije hebben gemaakt. Centraal staat uiteraard het werk van de kunstenaar-pedagoog Václav Cígler (1929) die in 1965 aan de kunstacademie in Bratislava de afdeling *Glas in architectuur* heeft opgericht en daarmee de basis legde voor de abstract-geometrische richting van de optische glaskunst. Daarnaast is in de collectie Jonker-Zaremba het werk van een aantal van zijn meest markante leerlingen en geestverwanten vertegenwoordigd, reden waarom wij spreken van *Václav Cígler en zijn school*.

# Woord vooraf

# Foreword

The holdings of the Gemeentemuseum in The Hague include one of the finest and most complete collections of glass anywhere in the Netherlands. The collection encompasses everything from examples of glass from the Roman Empire and the Islamic world through to seventeenth and eighteenth-century glass from Western Europe and on to Dutch glass objects from the 1920s and '30s. It even includes examples of the contemporary glass art of our own day. In fact, it is no exaggeration to say that the collection plots the entire millennia-old history of glassmaking.

However, the collection does display one major hiatus: it includes no examples of modern glass art from Czechoslovakia (now the Czech and Slovak Republics). In recent decades, that part of Europe has witnessed the development of a distinctive movement in the artistic use of glass quite unlike anything anywhere else in the world. This new form of Czech and Slovak glass art features the use of optical glass to produce objects which exploit the effects of light to the full.

Offered a unique opportunity to exhibit one of the largest private collections of this form of glass art in existence, the Gemeentemuseum Den Haag naturally leapt at the chance. That collection is the outstanding selection of (mainly Slovak) glass objects acquired by Valentine Zaremba and Sam Jonker over the past 25 years.

Like most private collectors, Valentine Zaremba and Sam Jonker have their own personal preferences. So this publication and the accompanying exhibition of the same name reveal the individual choices that the two collectors have made over the years from the wealth of contemporary glass art being produced in the Czech and especially the Slovak Republic. The Jonker-Zaremba collection centres on the work of artist and educational reformer Václav Cígler (1929), who established the *Glass in Architecture* Department at the Bratislava Academy of Fine Arts in 1965 and thereby laid the foundation for the abstract geometrical movement in optical glass art. It also includes work by a number of his most outstanding

Deze publicatie documenteert aan de hand van een negental kunstenaarsbiografieën de ontwikkelingen die de Slowaakse glaskunst de afgelopen 40 jaar heeft doorgemaakt. Deze monografieën vormen de neerslag van de vraaggesprekken die Beáta Balgavá met de negen kunstenaars heeft gevoerd. Het eerste hoofdstuk van het boek is gewijd aan Valentine Zaremba en Sam Jonker die als ambassadeurs van Slowaaks glas de motor vormen achter deze publicatie en tentoonstelling.

De dank van het Gemeentemuseum Den Haag gaat in eerste instantie dan ook uit naar de twee collectioneurs, zonder wier niet te stuiten verzamelwoede deze bijzondere collectie nooit van de grond zou zijn gekomen. Ditzelfde enthousiasme in zowel immateriële als materiële zin kenmerkt de Stichting Modern Glas en ligt mede ten grondslag aan de realisatie van deze tentoonstelling en publicatie waarvoor de bestuursleden Eric J. Fischer en Frits J. van Bruggen van deze stichting zich bijzonder hebben ingespannen.

Voor de totstandkoming van dit boek geldt onze erkentelijkheid ten zeerste Beáta Balgavá, die een beslissende rol heeft gespeeld in het bijeenbrengen van de informatie die aan deze publicatie ten grondslag ligt. De vertaling van haar basisteksten lag in de handen van Petr Kepka. Janey Tucker was met de haar zo typerende accuratesse verantwoordelijk voor de Engelse versie van de tekst. Een laatste woord van dank geldt Erik en Petra Hesmerg die de optische glasobjecten in al hun grilligheid fotografisch hebben weten te vangen en Milota Havránková en Jana Hojstricová die verantwoordelijk zijn voor de trefzekere fotoportretten, alsmede de foto's van een tiental objecten.

Titus M. Eliëns
Hoofd collecties

students and kindred spirits: hence the title, *Václav Cígler and his School*.

This publication contains nine biographies of the artists concerned. Together, they document the evolution of Slovak glass art over the last 40 years. The text is based on interviews with the artists, conducted by Beáta Balgavá. The first chapter offers a portrait of Valentine Zaremba and Sam Jonker who, as ambassadors for Slovak glass, have been the driving force behind this publication and exhibition.

The thanks of the Gemeentemuseum Den Haag are due first and foremost to these two collectors, without whose passionate enthusiasm this extraordinary collection would never have existed. The same enthusiasm and generosity typifies their foundation, the Stichting Modern Glas, which has helped to bring about this exhibition and publication through the personal efforts and commitment of two of its board members, Eric J. Fischer and Frits J. van Bruggen.

With regard to the preparation of the book, the museum is grateful to Beáta Balgavá for the decisive role she played in assembling the information on which it is based, and to the nine glass artists who all agreed to be interviewed for it. The Dutch translation of Beáta Balgavá's original text was produced by Petr Kepka and Mr and Mrs Hiemstra-Hageman. Translator Janey Tucker then converted the Dutch text into English. Finally, our thanks are due both to Erik and Petra Hesmerg for capturing the fickle splendour of the optical glass objects in their excellent photographs and to Milota Havránková and Jana Hojstricová for their accurate portrait photographs and the pictures they supplied of some of the objects.

Titus M. Eliëns
Head of Collections

Wie het moderne en lichte appartement van Valentine Zaremba en Sam Jonker betreedt, wordt verrast door de op het eerste gezicht twee geheel verschillende werelden die hij er aantreft. De ruime woonkamer die aan drie zijden van ramen is voorzien, is ingericht met elegante, mahoniehouten meubels uit de tijd van het empire, terwijl de ruimte voor de rest is 'beglaasd' met allerlei objecten in glas. Deze opvallende combinatie maakt meteen duidelijk met twee op zijn minst even bijzondere verzamelaars van doen te hebben.

Zoals dat voor de meeste collectioneurs geldt, is het opbouwen van een verzameling glas nooit een vooropgezet doel geweest van Valentine Zaremba (1936) en Sam Jonker (1930). De eerste kennismaking met het fascinerende materiaal glas is meer een kwestie van toeval geweest. In hun vrije tijd bezocht het paar menig Haagse galerie en zo ook rond 1980 de glasgalerie van Rob van den Doel. Hier werden al snel de eerste Nederlandse glasobjecten aangeschaft, waaronder unica van kunstenaars van de oudere glasgeneratie als A.D. Copier (1901-1991), Willem Heesen sr. (1925) en Floris Meydam (1919). Wat later begon het paar, niet alleen bij Van den Doel maar ook bij de Amsterdamse Braggiotti Gallery, werk aan te kopen van jongere glaskunstenaars als Bert Frijns (1953), Mieke Groot (1949), Frank van den Ham (1952) en Winnie Teschmacher (1958).

Het feit dat de voorkeur van Valentine Zaremba en Sam Jonker in de beginperiode van hun verzamelactiviteiten in eerste instantie naar Nederlands glas uitging, past in het beeld van de doorsnee Nederlandse glasverzamelaar die vooral geïnteresseerd is in de glaskunst van eigen bodem. Of het nu het kunstnijverheidsglas of de unica van de Glasfabriek Leerdam uit het interbellum betreft, of de meer recente vrije Nederlandse glaskunst, het merendeel van de verzamelaars is gefocust op Nederlands glas of glas van buitenlandse kunstenaars die zich in Nederland hebben gevestigd. Gezien de reputatie die de hedendaagse Nederlandse glaskunst in zowel binnen- als buitenland geniet, is dit ook niet zo verwonderlijk. Mede dankzij de internationaal vermaarde glasafdeling die tot voor kort

# Valentine Zaremba en Sam Jonker: ambassadeurs van Slowaaks glas

# Valentine Zaremba and Sam Jonker: ambassadors for Slovak glass

Entering the light-filled modern apartment of Valentine Zaremba and Sam Jonker, it's a surprise to find that it contains what appear at first sight to be two completely different worlds. The spacious living room, with windows on three sides, is furnished with elegant, Empire-style mahogany furniture, while the remainder of the area is filled with a varied array of objects made of glass. The striking combination immediately reveals that this is home to two collectors of equally outstanding calibre.

Like most collectors, Valentine Zaremba (b. 1936) and Sam Jonker (b. 1930) never planned to assemble such a collection of glass. Their first encounter with the fascinating material was more or less accidental. In their spare time, the couple used to visit many of the galleries in The Hague and around 1980 they came across the glass gallery run by Rob van den Doel. Here, they soon purchased their first Dutch glass objects, including one-off pieces by A.D. Copier (1901-1991), Willem Heesen sr. (b. 1925), Floris Meydam (b. 1919) and other glass artists of the older generation. A little later, they began to purchase work by younger glass artists like Bert Frijns (b. 1953), Mieke Groot (b. 1949), Frank van den Ham (b. 1952) and Winnie Teschmacher (b. 1958), buying not only through Van den Doel but also through the Braggiotti Gallery in Amsterdam.

Their initial preference for Dutch glass is typical of collectors in the Netherlands, whose interest tends to be confined mainly to their own country. Whether their taste is for arts and crafts glass, for the Leerdam *unica* of the 1920s and '30s or for more contemporary autonomous glass art, the majority focus exclusively on the work of Dutch artists or foreign artists working in the Netherlands. Given the reputation of contemporary Dutch glass art both in the Netherlands and abroad, this is not particularly surprising. Thanks in part to the internationally celebrated glass department until recently attached to the Gerrit Rietveld Academy in Amsterdam, Dutch glass art has carved out a distinctive niche for itself on the international glass scene.

aan de Amsterdamse Gerrit Rietveld Academie was verbonden, heeft de Nederlandse glaskunst zich een geheel eigen plaats weten te verwerven in de internationale glaswereld.

In zijn werkzame leven was Sam Jonker vanaf 1980 lid van de raad van bestuur van Nationale-Nederlanden, van welk bedrijf hij sinds 1990 vice-voorzitter was. In deze hoedanigheid heeft hij zijn grote belangstelling voor glas dienstbaar kunnen maken aan het algemene belang. Dit gebeurde voor het eerst in 1988 toen het bestuur van Nationale-Nederlanden een nieuwe huisvesting betrok aan de Haagse Johan de Wittlaan. Een van de meer openbare ruimten in dit gebouw was de lunchzaal voor de gasten en relaties van de raad van bestuur. Het spreekt voor zich dat een dergelijke representatieve zaal met kunst diende te worden uitgerust. Op instigatie van Sam Jonker werd geopteerd voor kunstobjecten van glas, waarmee hij in feite een onorthodoxe keuze maakte. In de optiek van Jonker was namelijk voor de verschillende soorten bijeenkomsten in deze ruimte een *conversation piece* nodig, dat hij gevonden meende

te hebben in de glasobjecten van A.D. Copier, de belangrijkste Nederlandse ontwerper van glas uit de twintigste eeuw. Het grote enthousiasme waarmee Jonker zijn medeleden van de raad van bestuur injecteerde, resulteerde in het beschikbaar stellen van een jaarlijks aankoopbudget om exclusief unica van Copier te kunnen verzamelen. Zo is in de loop der jaren een imposante collectie ontstaan van zo'n 45 objecten die momenteel in de entreehal van het Haagse kantoor van Nationale-Nederlanden is ondergebracht.

Uiteraard heeft Sam Jonker, in nauwe samenspraak met Valentine Zaremba, een belangrijk aandeel gehad in de keuze van de te verwerven werken en zo zijn stempel gedrukt op de uiteindelijke totstandkoming van deze glascollectie. Hun interesse in het werk van Copier bracht hen al snel met de ontwerper zelf in contact, uit welke eerste kennismaking een hartelijke vriendschap is ontstaan die tot de dood van Copier in 1991 heeft voortgeduurd. Een belangrijke rol in deze vriendschap heeft Valentine Zaremba met haar natuurlijke, spreekwoordelijke oosterse charme gespeeld, zoals dat

Valentine Zaremba & Sam Jonker, zomer 2004/summer 2004

Andries Copier, Unica, Nationale-Nederlanden, Den Haag/The Hague

In 1980 Sam Jonker's burgeoning career led to his becoming a member of the board of the Nationale-Nederlanden insurance company, and in 1990 he was appointed its vice-chairman. These positions gave him the opportunity to use his passion for glass in the public interest. The first time he did so was in 1988, when the board moved to new accommodation in Johan de Wittlaan (The Hague). One of the more public areas of the building was the dining room where the board entertained guests and business associates. In an area designed to project the image of the company, there was a clear need for the furnishings to include *objets d'art*. At the instigation of Sam Jonker, the company opted to acquire various pieces of glass for this purpose. It was an unorthodox idea but Jonker thought that a 'conversation piece' was needed for the various kinds of gatherings to be held in the room. He felt that objects by the leading twentieth-century Dutch glass designer A.D. Copier would be an appropriate choice. Jonker's enthusiasm proved infectious and the board agreed to earmark an annual sum for the purchase of Copier *unica*. Over the

years, therefore, Nationale-Nederlanden has created an imposing collection of some 45 objects, now on display in the lobby of the company's offices in The Hague.

Naturally enough, Sam Jonker had a major hand in the selection of the works to be acquired and, in close consultation with Valentine Zaremba, set his stamp on the entire Nationale-Nederlanden glass collection. The couple's interest in the work of Copier quickly led to an acquaintanceship with the designer himself and this blossomed into a warm friendship that endured right through to Copier's death in 1991. The proverbial oriental charm that is natural to Valentine Zaremba played an important part in this friendship, as it was later to do in the close relations that the couple would develop with glass artists in Slovakia.

At this time, Copier happened to be playing with the idea of a book about the highlights of his oeuvre. Jonker and Zaremba provided fertile ground for this suggestion and the result was the 1991 publication *Trilogie in glas*. This splendid

later ook het geval zou zijn voor de intensieve band die door hen met Slowaakse glaskunstenaars zou worden opgebouwd.

In die tijd speelde Copier met de gedachten een boek over de hoogtepunten uit zijn oeuvre samen te stellen, een idee dat bij Jonker en Zaremba op vruchtbare bodem viel. En zo ontstond de in 1991 uitgegeven publicatie *Trilogie in glas*. Dit prachtige boekwerk is voorzien van een inleiding van de Duitse glasspecialist Helmut Ricke, terwijl de catalogusbeschrijvingen van de hand van Dorris Kuyken-Schneider zijn, toen werkzaam als conservator kunstnijverheid bij het Rotterdamse Museum Boijmans van Beuningen. Het boek werd door Nationale-Nederlanden als relatiegeschenk gegeven aan zijn tussenpersonen, samen met enige wijnglazen van het servies *Gilde*. Dit drinkservies, dat in 1930 door Copier voor de Glasfabriek Leerdam is ontworpen, is een van de meest succesvolle serviezen van Leerdam en tot op de dag van vandaag nog steeds in productie. Als bijzonderheid werden de wijnglazen van de handtekening van Copier voorzien.

Intussen was, niet in het laatst door de tentoonstellingen over Tsjechisch-Slowaakse kunst die met zekere regelmaat door Galerie Rob van den Doel werden georganiseerd, bij Valentine Zaremba en Sam Jonker de belangstelling gewekt voor de optische glaskunst uit Tsjecho-Slowakije. Hoewel met name Václav Cígler (1929) in Nederland geen onbekende meer was, sinds de tentoonstelling *Václav Cígler glasobjecten* die in 1975 in het Rotterdamse Museum Boijmans van Beuningen had plaatsgevonden, was het werk van zijn leerlingen aan de kunstacademie in Bratislava hier toen nog niet goed doorgedrongen. Via Bernadine de Neeve, de conservator van dit museum, die verantwoordelijk was voor deze tentoonstelling, had Rob van den Doel niet alleen Cígler leren kennen, maar ook Stanislav Libensky (1921-2002), de belangrijkste vertegenwoordiger van de Tsjechische glaskunst die aan het hoofd stond van de glasafdeling van de kunstacademie in Praag. Sinds het begin van de jaren tachtig bracht Van den Doel de glasobjecten van deze twee grootmeesters in zijn galerie, terwijl hij al snel ook het werk van hun leerlingen in Nederland

volume contains an introduction by German glass specialist Helmut Ricke and catalogue entries by Dorris Kuyken-Schneider, then curator of decorative arts at the Boijmans van Beuningen Museum in Rotterdam. The book was distributed by Nationale-Nederlanden as a gift to its insurance brokers, together with some wine glasses from Copier's *Guild* service. Designed in 1930, this is one of the Leerdam Glassworks' most successful drinks services ever and is even today still in production. To give them an air of exclusivity, the wine glasses were marked with Copier's signature.

Meanwhile, Valentine Zaremba and Sam Jonker had begun to develop an interest in optical glass art from Czechoslovakia. This was due not least to the exhibitions being held at fairly regular intervals by Rob van den Doel. By this time, the Boijmans van Beuningen Museum's 1975 exhibition of glass objects by Václav Cígler (b. 1929) had made his work known in the Netherlands, but the same could not really be said of that of his students at the Bratislava academy.

Through Bernadine de Neeve, the curator responsible for the 1975 exhibition, Rob van den Doel had become acquainted not only with Cígler, but also with Stanislav Libenský (1921-2002), the leading exponent of Czech glass art and head of the glass department at the Prague academy. Since the early '80s, he had been importing glass objects by these two virtuoso artists for sale at his gallery, and it was not long before he launched the work of their students on the Dutch market. Given that Czechoslovakia was still under Communist rule and virtually sealed off from the West, this enterprise was at that time pretty unusual.

Not surprisingly, the first optical glass objects purchased by Valentine Zaremba and Sam Jonker were by Václav Cígler. They were so impressed by the quality of his work that in December 1989, acting in his capacity as a member of the board of Nationale-Nederlanden, Jonker invited Cígler to design a three-dimensional glass object for the company's new headquarters on the Weena in Rotterdam. The design for the building itself was by Abe Bonnema (b. 1926) and

zou introduceren. Deze handelswijze was toen vrij uitzon-
derlijk omdat dit gebeurde in een tijd dat Tsjecho-Slowakije
met zijn gesloten communistische regime voor het vrije
westen nauwelijks toegankelijk was.

De eerste objecten optisch glas die door Valentine Zaremba
en Sam Jonker werden aangekocht, betroffen uiteraard ontwerpen van Václav Cígler. Zij raakten zo onder de indruk van
diens indrukwekkende oeuvre dat Cígler in december 1989
door Jonker in zijn functie van lid van de raad van bestuur
werd uitgenodigd een ruimtelijk object in glas te ontwerpen
voor het nieuwe hoofdkantoor van Nationale-Nederlanden
aan het Weena in Rotterdam. Dit gebouw was ontworpen
door Abe Bonnema (1926), wiens ontwerp uit de inzendin-
gen van vijf architecten werd uitgekozen. De glassculptuur
van Cígler is maar liefst 26 meter hoog en bestaat uit drie
kolommen van helder optisch glas en paarskleurig glasvezel
die vanuit één punt ontstaan. De langste kolom reikt tot aan
het plafond van de hal, terwijl de twee andere elementen
de plafonds doorboren van de zijgalerijen. Daarnaast wer-

den ook enige andere glazen elementen door Cígler ontworpen, zoals een gehoorzaal en de zogenoemde toegangsring.
Een half jaar voor de opening van dit gebouw in 1992
ontstond bij Sam Jonker, gestimuleerd door de immer
bewegelijke geest van Valentine Zaremba, het plan voor nóg
een opdracht aan Cígler. Cígler had immers een aantal
talentvolle Slowaakse glaskunstenaars opgeleid, die volgens
hen een zelfde aandacht verdienden als hun leermeester.
Vandaar dat Cígler de vrije hand kreeg om, uiteraard binnen
een van te voren vastgesteld budget, werk aan te kopen
van zijn belangrijkste leerlingen. Zo werd een fraaie selectie
van een tiental objecten van optisch glas bijeengebracht,
waaronder één stuk van Cígler zelf. De andere kustenaars
van wie een werk werd verworven, zijn Miloš Balgavý (1955),
Eva Fišerova (1947), Pavol Hlôška (1953), Juraj Opršal (1953),
Marián Mudroch (1945), Štěpan Pala (1944), Zora Palová
(1947), Josef Tomečko (1945) en Askold Žačko (1946).

Toen het gebouw van Nationale-Nederlanden in 1992 door
prinses Margriet werd geopend, was er uiteraard voor

Václav Cígler, glassculptuur/glass
sculpture, Nationale-Nederlanden,
Rotterdam 1992

had been selected from among entries by five competing
architects. Cígler's glass sculpture is no less that 26 metres
high and is composed of three columns of clear optical
glass and purple glass fibre rising from a single point.
The longest column reaches the lobby ceiling, while the
other two pass through the ceilings of the side galleries.
In addition, Cígler also designed other glass elements for
the building, such as an auditorium and the 'entry circle'
in the entrance hall.

Six months before the opening of the building in 1992,
prompted by the ever lively mind of Valentine Zaremba,
Sam Jonker conceived a plan for yet another commission
involving Cígler. The couple were aware that Cígler had
trained a number of talented Slovak glass artists and
thought that they deserved the same attention as their
mentor. Accordingly, Nationale-Nederlanden gave Cígler
a free hand — limited only by a predetermined budget —
to buy work from his leading disciples. This resulted in the
acquisition of a fine selection of ten optical glass objects,

including some by Cígler himself. The other artists con-
tributing works were Miloš Balgavý (b. 1955), Eva Fišerova
(b. 1947), Pavol Hlôška (b. 1953), Juraj Opršal (b. 1953),
Marián Mudroch (b. 1945), Štěpan Pala (b. 1944), Zora
Palová (b. 1947), Josef Tomečko (b. 1945) and Askold Žačko
(b. 1946).

When the Nationale-Nederlanden building was opened in
1992 by Princess Margriet of the Netherlands, all the artists
from Czechoslovakia were invited and enabled to attend.
Most had never been abroad before and this was their first
encounter with the West. All of them have vivid memories
of the hospitality with which they were received, due in no
small part to the endless care taken by Valentine Zaremba
to make their stay in the Netherlands as enjoyable as possible. From that moment on, she was to be in constant touch
with them and would become a sort of unpaid ambassador
for Slovak glass art in the Netherlands. Before the year was
out, this visit to the Netherlands by Cígler and his 'school'
was followed by a return visit by Valentine Zaremba to

gezorgd dat alle betrokken kunstenaars deze opening konden bijwonen. Voor de meesten van hen was dit hun eerste buitenlandse reis en dus ook de eerste kennismaking met het vrije westen. Het gastvrije onthaal dat hen hier ten deel viel, niet in het laatst dankzij de niet aflatende zorg van Valentine Zaremba om hun Nederlandse verblijf zo aantrekkelijk mogelijk te maken, staat bij alle kunstenaars nog steeds in hun geheugen gegrift. Vanaf dat moment zou vooral Valentine in voortdurend contact met deze kunstenaars blijven en zich tot onbezoldigd ambassadrice van de Slowaakse glaskunst in Nederland ontpoppen. Dit bezoek van Cígler en 'zijn school' aan Nederland werd nog datzelfde jaar gevolgd door een tegenbezoek van Valentine Zaremba aan Tsjecho-Slowakije die tot op de dag van vandaag met de frequentie van minstens één keer per jaar een aantal weken in Tsjechië en Slowakije verblijft.

Toen Sam Jonker in 1993 als lid van de raad van bestuur van Internationale Nederlanden Groep (ING) met pensioen ging, werd hij vervolgens voorzitter van het Verbond van Verzekeraars. Ook hier werd hij in de gelegenheid gesteld om zijn passie voor de glaskunst vorm te geven. De eerste mogelijkheid deed zich in 1996 voor toen het Verbond een nieuwe huisvesting betrok in de Haagse wijk Mariahoeve en men voor de aankleding van de hal de keuze op een monumentaal glazen object had laten vallen. Voor de realisatie hiervan werden enige kunstenaars uitgenodigd een ontwerp te leveren.

Tot hen behoorde de Slowaakse glaskunstenaar Zora Palová die voor het trappenhuis een verticale obelisk van glas ontwierp die zij de veelzeggende naam *Bewaker* meegaf. Het acht meter hoge object bestaat uit zeven segmenten van gegoten glas die met elkaar zijn verlijmd en op een stenen piëdestal rusten. Voor het glas is gebruik gemaakt van de speciale glassoort *gold topaz* die de kolom tot een fascinerend en steeds wisselend spel van gele, oranje en rode kleuren omtovert.
Voor deze zelfde ruimte is van haar echtgenoot Štěpán Pala de optische glassculptuur *Ring* aangekocht. Deze glazen cirkel is samengesteld uit een aaneenschakeling van veel-

12

Zora Palová, *Bewaker/ Guardian*,
Verbond van Verzekeraars/Dutch
Association of Insurers, Den Haag/
The Hague, 1996

Štěpán Pala, *De Ring/The Circle*,
Verbond van Verzekeraars/ Dutch
Association of Insurers, Den Haag/
The Hague, 1996

Czechoslovakia and since that time she has invariably gone to the Czech and Slovak republics at least once a year and spent several weeks there.

In 1993 Sam Jonker retired from the board of the ING Group and became chairman of the Dutch Association of Insurers. Once again, his position gave him the chance to indulge his passion for glass art. The first such opportunity arose in 1996, when the Association moved to new premises in the Mariahoeve area of The Hague and it was decided that a monumental glass object was needed to adorn the lobby. Several artists were invited to submit designs for this.

The winner was the Slovak glass artist Zora Palová, who had designed a vertical glass obelisk for the stairwell. She gave it the eloquent title *Guardian*. The eight-metre-high object is composed of seven segments of cast glass, glued together and mounted on a stone pedestal. The unusual 'gold topaz' glass used for the column produces a fascinating, constantly changing interplay of magical yellow, orange and red hues.

For the same space, an existing glass sculpture was also purchased from Palová's husband, Štěpán Pala. Entitled *The Circle*, it is a glass ring composed of a sequence of polygons and comprising no fewer than 96 different pieces of optical glass. This object was a gift from the members of the Association to mark the official opening of the new building by Queen Beatrix in November 1996.

As this account makes clear, Valentine Zaremba and Sam Jonker have had a heavy influence on the status of Slovak glass art in the Netherlands. Not just as private collectors, but also through the many positions that Jonker has occupied in public life, they have had a major hand in introducing it to the Netherlands and making it known to the Dutch art world. Their keen interest in Slovak glass has been translated into an impressive private collection which is now for the first time on show to the general public. To ensure that this collection remains intact for the future, they have set up a foundation (the Stichting Modern Glas) to manage it. Over the years, Jonker and Zaremba have expanded their

hoeken en bestaat uit maar liefst 96 stukken optisch glas. Het object was een cadeau van de leden van het Verbond ter gelegenheid van de opening van het nieuwe gebouw die in november 1996 door koningin Beatrix werd verricht.

Het moge inmiddels duidelijk zijn geworden dat Valentine Zaremba en Sam Jonker niet alleen als privé-verzamelaars, maar ook vanuit de vele maatschappelijke posities die Jonker heeft bekleed, van grote invloed zijn geweest op de introductie en bekendmaking van de Slowaakse glaskunst in Nederland. Hun grote belangstelling voor Slowaaks glas heeft zich vertaald in een imponerende privé-collectie die nu voor het eerst aan het grote publiek wordt getoond. Om er voor te zorgen dat deze verzameling ook in de wat verdere toekomst intact zal blijven, hebben zij de Stichting Modern Glas opgericht. De wijze waarop Jonker en Zaremba zich in de loop der jaren als collectioneurs hebben ontwikkeld, reikt verder dan passief verzamelen. In hun ongebreidelde enthousiasme hebben zij menig Slowaaks glaskunstenaar geïnspireerd om nieuwe en andere wegen

in te slaan, waarin zij vaak ook de rol van moderne mecenas op zich hebben genomen. Zonder enige overdrijving kunnen Valentine Zaremba en Sam Jonker dan ook als dé ambassadeurs van Slowaaks glas worden gekwalificeerd. Als een goede ambassadeur betaamt, is voor hen geen zee te hoog om de Slowaakse glaskunst te promoten. Als beste bewijs hiervoor geldt deze eerste museale presentatie van het werk van Cígler en zijn school in het Gemeentemuseum Den Haag dat een van de mooiste museale glascollecties van Nederland beheert.

Koningin Beatrix tijdens de openings-ceremonie van het nieuwe gebouw van het Verbond van Verzekeraars, Den Haag, 1996, links Sam Jonker en Valentine Zaremba/ Queen Beatrix during the opening ceremony of the new building of the Dutch Association of Insurers, The Hague, 1996, left Sam Jonker and Valentine Zaremba 1996

activities far beyond the realm of passive collecting. In their unbounded enthusiasm, they have frequently assumed the role of modern patrons and by so doing inspired many Slovak glass artists to explore new avenues. It is no exaggeration, therefore, to describe Valentine Zaremba and Sam Jonker as the leading ambassadors for Slovak glass in the Netherlands. And, as befits a good ambassador, they have gone to every length to promote it. The foremost proof of this is this first ever museum presentation of the work of Cígler and his school in the Gemeentemuseum Den Haag, which itself holds one of the finest glass collections of any museum in the Netherlands.

Het voormalige Tsjecho-Slowakije kan bogen op een oude glastraditie die zich tijdens het interbellum dankzij een aantal avant-gardistische kunstenaars heeft weten te ontwikkelen tot het grenzenverleggende niveau dat zo typerend is voor de glaskunst van dit moment. Het middelpunt van deze avant-gardistische beweging vormde de in 1885 opgerichte kunstacademie in Praag, tegenwoordig Universiteit van Kunsten, Architectuur en Vormgeving geheten, waar aanvankelijk beeldhouwers de materiaalkennis van glas doceerden. In 1926 echter werd er een speciale leergang voor het etsen en model-leren van glas in het leven geroepen die onder leiding stond van de beeldhouwer Josef Drahoňovský (1877-1938). De zelfstandige studierichting glas dateert uit 1946. Van grote invloed op de ontwikkeling van het Tsjechische glas is de aan deze opleiding verbonden Josef Kaplický (1899-1962) geweest die met zijn charismatische persoon-lijkheid een beslissende rol heeft gespeeld in de artistieke vorming van zijn studenten. Onder zijn leiding zochten zij naar nieuwe vormoplossingen voor glaswerk, waarbij hun aandacht vooral naar het drinkglas uitging. In 1963 werd Kaplický opgevolgd door Stanislav Libenský (1921-2002) die met zijn studenten de mogelijkheden verkende van monumentaal glas, dat wil zeggen glas in relatie tot de architectuur. Daarnaast werd ook ruime aandacht besteed aan de toepassing van glas binnen de industriële vorm-geving.

Mijlpalen in de ontwikkeling van de Tsjecho-Slowaakse glaskunst waren de successen die in 1957 en 1960 op de Triennales in Milaan werden behaald en op de wereld-tentoonstelling die in 1958 in Brussel plaatsvond. Deze successen waren verankerd in de avant-gardistische kunst van vóór de Tweede Wereldoorlog, maar evenzeer te danken aan de artistieke talenten van naoorlogse (glas)kunstenaars als Stanislav Libenský, zijn echtgenote Jaroslava Brychtová (1924), Pavel Hlava (1924), René Roubíček (1922) en Miluše Roubíčková (1922). Het feit dat er in de tweede helft van de jaren zestig sprake was van een zekere politieke ontspanning, heeft zeker tot deze bloei van de glaskunst bijgedragen.

# De moderne Slowaakse glaskunst: geometrische abstractie in glas

# Modern Slovak glass art: geometrical abstraction in glass

The Czech Republic has a long tradition of glassmaking but it was not until the 1920s and '30s that its glass art achieved the pioneering standard that characterises it today. The advance was due to a number of avant-garde artists. At the heart of the movement was the Prague Academy of Fine Arts (now known as the Academy of Art, Architecture and Design). This was established in 1885 and students were initially taught about glass by sculptors. In 1926, however, a special course in glass etching and modelling was started under the leadership of Josef Drahoňovský (1877-1938). The separate study programme in glass dates from 1946. The glass department was later headed by Josef Kaplický (1899-1962), a charismatic figure who had a major influence on the development of Czech glass through his decisive role in the artistic training of his students. Under his leadership they sought new formal solutions for domestic glassware and in particular for drinking glasses. In 1963, Kaplický was succeeded by Stanislav Libenský (1921-2002), who encouraged his students both to explore the possibilities of monumental glass (glass in relation to architecture) and to interest themselves in the use of glass in the industrial design field.

The successes achieved at the 1957 and 1960 Trien-nales in Milan and at the world exhibition held in Brussels in 1958 were particular milestones in the development of Czech glass art. These successes were rooted in the avant-garde art of the period prior to the Second World War but they were equally due to the artistic talents of post-war artists like Stanislav Libenský, his wife Jaroslava Brychtová (b. 1924), Pavel Hlava (b. 1924), René Roubíček (b. 1922) and Miluše Roubíčková (b. 1922). The more relaxed political climate that prevailed in the country during the second half of the 1960s certainly helped to produce a further blossoming of glass art.

## Glass in the Slovak Republic
The Slovak Republic has a similarly long tradition of glass-making. What it for many years sorely lacked, however, was an academic training course like the one in Prague.

## Glas in Slowakije

Net als Tsjechië, kende ook Slowakije een lange traditie op het gebied van het bewerken van glas. Wat echter node gemist werd, was een academische opleiding zoals die in Praag bestond. Dit was dan ook de voornaamste reden waarom Václav Cígler (1929) in 1965 aan de kunstacademie in Bratislava de afdeling *Glas in architectuur* oprichtte. Daar werd onder zijn bezielende leiding al snel een nieuwe generatie kunstenaars opgeleid die het medium glas als minimalistische beeldhouwkunst opvatte en als een vorm van conceptuele kunst. Cígler, die zelf door Kaplický was gevormd, geloofde heilig in deze nieuwe opleiding die een belangrijke stimulans zou blijken te zijn voor de verdere ontwikkeling van de Slowaakse glaskunst. Op grond van zijn deskundigheid kwam Cígler in contact met het onderzoekscentrum voor glas van de Slowaakse wetenschappelijke academie. Hier trof hij een perfect werkende afdeling voor optisch glas aan waar als deskundige František Čerňák (1921) werkte. In hem vond Cígler een collega die zijn eerste objecten van optisch glas realiseerde.

Later, teruggekeerd in Tsjechië, zou de glaskunstenaar Jan Frydrych (1953) de belangrijkste uitvoerder van zijn ontwerpen worden.

Cígler's onorthodoxe manier van denken en kunstzinnige opvattingen vinden hun weerslag in een abstracte kunst, waarin geometrische vormen de beeldbepalende elementen zijn. Zijn eerste minimalistische en conceptuele uitingen in glas waren niet alleen uniek voor het toenmalige Tsjecho-Slowakije, maar ook voor de rest van Europa. Abstracte kunst kwam in het Tsjecho-Slowakije van de eerste helft van de twintigste eeuw slechts sporadisch voor bij enige op zichzelf staande kunstenaars als Ludovít Fulla (1902-1980) en Mikuláš Galanda (1895-1938). Hun abstracte schilderijen en tekeningen dateren uit de periode dat zij les gaven aan de School voor Artistieke Beroepen in Bratislava. Deze opleiding, die in de jaren dertig werd opgericht, was sterk geïnspireerd op het onderwijssysteem dat door het Duitse Bauhaus werd gepropageerd. Vanaf de jaren zestig begint abstractie in de Tsjecho-Slowaakse kunst een meer nadrukkelijke rol te spelen, zij het in een

This was the main reason why Václav Cígler (b. 1929) set up the *Glass in Architecture* Department at the Bratislava Academy of Fine Arts in 1965. Under his inspirational leadership, a new generation of artists was soon being trained to see glass as a medium for Minimalist sculpture and a form of conceptual art. Cígler, who had himself been trained by Kaplický, was a firm believer in this new study programme and it was indeed to give a major boost to the further development of glass art in Slovakia. Cígler's expertise brought him into contact with the glass research centre run by the Slovak Academy of Sciences. Here he found a well-organised optical glass department, where František Čerňák (b. 1921) was employed as an expert. He proved to be the colleague Cígler needed to execute his first optical glass objects. Later, when Cígler returned to the Czech Republic, glass artist Jan Frydrych (b. 1953) was to be the main person to execute his designs.

Cígler's unorthodox approach and artistic philosophy are expressed in an abstract art dominated by geometrical shapes. His first Minimalist and conceptual works in glass

were unique not only in what was then Czechoslovakia, but also in the rest of Europe. In the first half of the twentieth century, abstract art was only sporadically produced in Czechoslovakia by a handful of isolated artists like Ludovít Fulla (1902-1980) and Mikuláš Galanda (1895-1938). Their abstract paintings and drawings date from the time when they were teaching at the Vocational School for Applied Arts in Bratislava. This school was established in the 1930s and was heavily inspired by the educational ideas propagated by the German Bauhaus. From the 1960s onward, abstraction began to play a more prominent part in Czechoslovakian art, albeit in a rather lyrical form, before gradually giving way to a more geometrical idiom. An example of this is the work of sculptor Štefan Bělohradský (b. 1930) who translates his geometrical designs into constructions composed of metal and plastic segments. His aluminium and stainless steel objects are generally made for architectural settings. At the same time, there was an increasing interest in conceptual art. Among the artists who shared this interest were the Slovak artist

enigszins lyrische vorm om geleidelijk aan plaats te maken voor een meer geometrische vormentaal. Illustratief hiervoor is het werk van de beeldhouwer Štefan Bělohradský (1930) die zijn geometrische ontwerpen vertaalt in constructies van metalen en plastische segmenten. Zijn kunstobjecten van aluminium en roestvrij staal vinden vooral toepassing in de architectonische ruimte. Tegelijkertijd zien we ook een toenemende belangstelling voor de conceptuele kunst ontstaan. Dit was onder meer het geval bij de Slowaakse kunstenaar Alex Mlynarčík (1937) die deze interesse deelde met Václav Cígler die zich toen bezighield met visionaire architectonische projecten. Uit deze gemeenschappelijke belangstelling ontstond een hechte vriendschap die tot op de dag van vandaag voortduurt.

Het is tegen deze achtergrond dat zich onder leiding van Cígler aan de kunstacademie in Bratislava een abstract-geometrische optische glaskunst heeft ontwikkeld die zo typerend is voor de hedendaagse glaskunst van Slowakije.

De veelzijdige uitingen in glas die Cígler en zijn leerlingen hebben gerealiseerd, vinden we terug in de verzameling Jonker-Zaremba, een van de belangrijkste Nederlandse collecties van Tsjechisch, maar vooral ook Slowaaks optisch-geometrisch glas.

16

Alex Mlynarčík (b. 1937) and Václav Cígler, who was absorbed at this time in visionary architectural projects. Their common interest led to a close friendship which survives to this day.

It was against this background that Cígler's *Glass in Architecture* Department at the Bratislava Academy of Fine Arts developed the type of abstract-geometrical optical glass sculpture which is today so typical of contemporary glass art in the Slovak Republic. The diversity of expression that has since been achieved by Cígler and the artists he trained is reflected in the Jonker-Zaremba collection, one of the leading Dutch collections of Czech and, in particular, Slovak geometrical sculpture in optical glass.

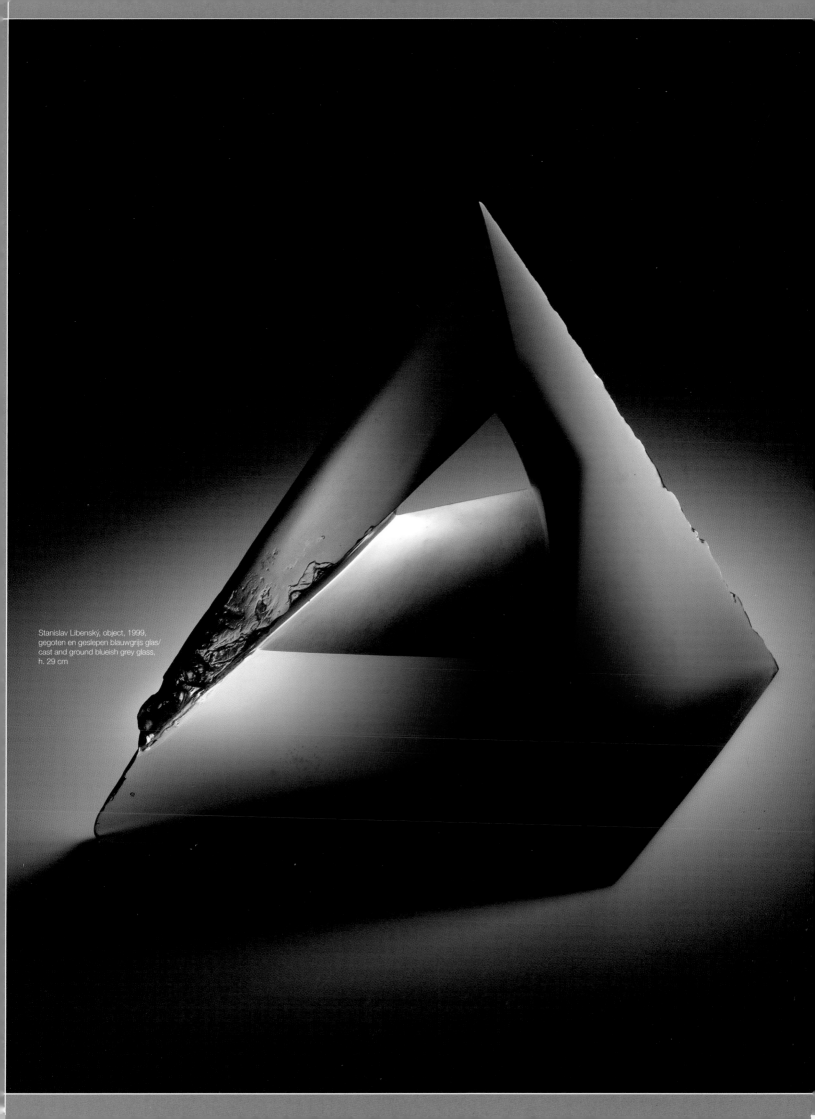

Stanislav Libenský, object, 1999,
gegoten en geslepen blauwgrijs glas/
cast and ground blueish grey glass,
h. 29 cm

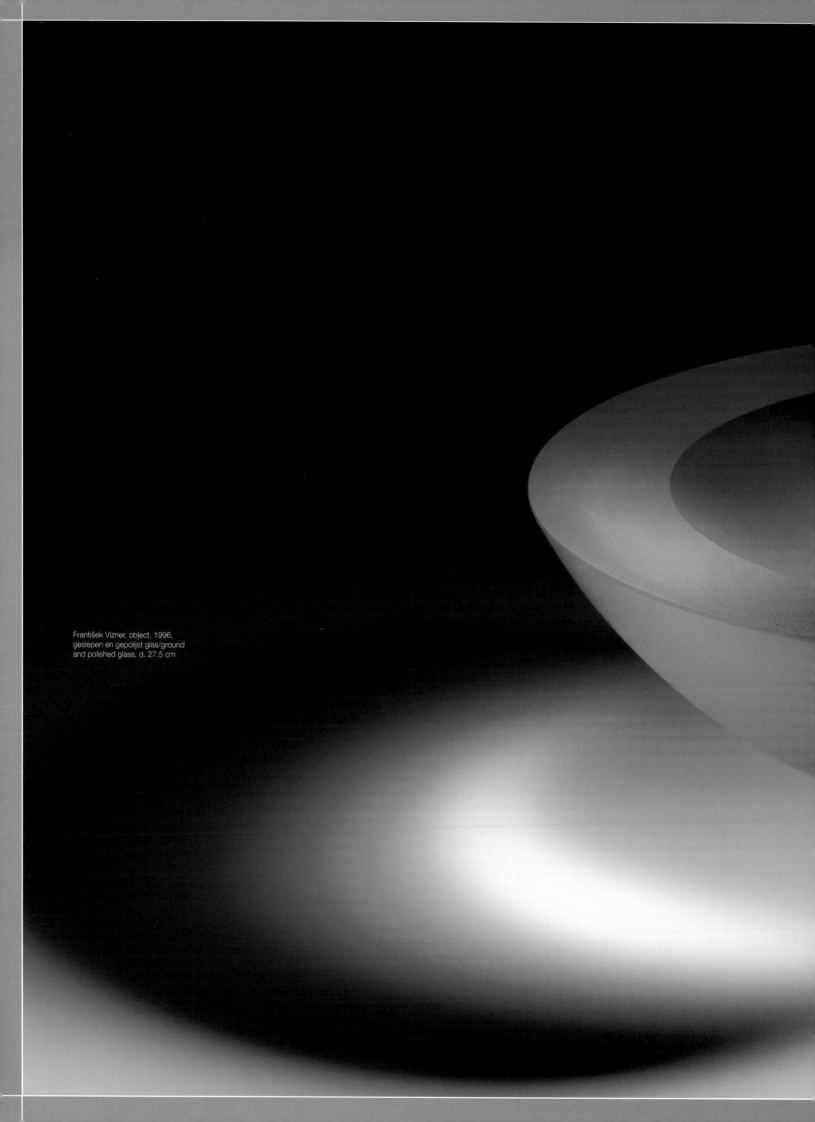

František Vizner, object, 1996,
geslepen en gepolijst glas/ground
and polished glass, d. 27.5 cm

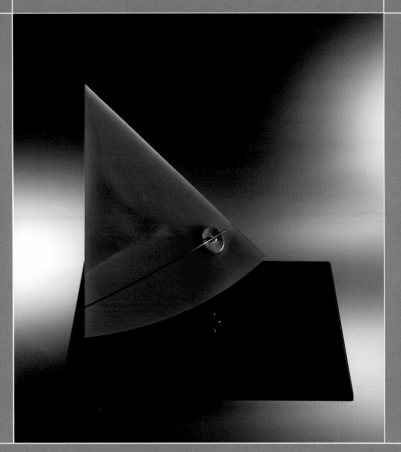

Juraj Opršal, object, 1995, blauw
optisch glas op zwarte sokkel/blue
optical glass on black underplate,
h. 19 cm

Pavel Satrapa, object, 1992, optisch
glas op zwarte plaat/optical glass on
black plate, h. 60 cm

Juraj Opršal, object, 1996,
gematteerd optisch glas op zwarte
en grijze sokkel/matt optical glass on
black and grey underplate, h. 32.5 cm

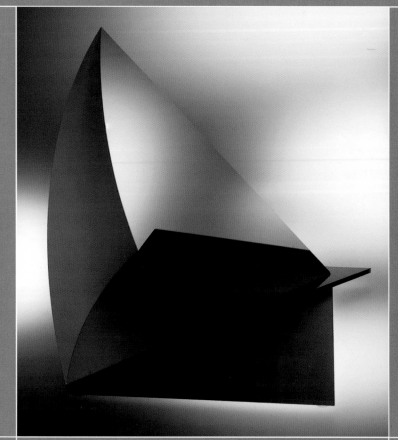

Wladimir Zbynovsky, object, 2001,
optisch glas op graniet/optical glass
on granite, d. 28 cm

René Rubicek, *Optical Lamp*, 1992,
roestvrij staal en optisch glas/stainless
steel and optical glass, h. 145 cm

Kunstenaar onbekend/artist unknown,
object, circa 1970, uitvoering/execution
Zelezny Brod, gegoten en geslepen
glas/cast and ground glass, h. 160 cm

## Prijzen/Awards

**1966 en/and 1968** Zilveren medailles/Silver medals, Internationale tentoonstelling/International Exhibition, Jablonec nad Nisou
**1968** Cena Svazu českých výtvarných umělců v oblasti užitého umění
**1981** Eervolle vermelding/Honourable mention, Glaskunst '81, Orangerie Kassel,
**1983** Eervolle vermelding/Honourable mention, 300 Years of Bohemian Glass and Costume Jewellery, Sapporo
**1985** Eervolle vermelding/Honourable mention, Zweiter Coburger Glaspreis 1985, Coburg
**1986** Tweede prijs/Second prize, 4. Quadriennale des Kunsthandwerks sozialistischer Länder, Erfurt

## Solotentoonstellingen/ Solo exhibitions

**1967** Galerie Platýz, Praag/Prague
**1969** Galerie Mahlerstrasse, Wenen/Vienna
**1970** Václav Špála Gallery, Praag/Prague
**1971** Galéria Život, Bratislava
**1975** Museum Boijmans-Van Beuningen, Rotterdam
**1976** Galerie am Graben, Wenen/Vienna
**1982** The Institute of Macromolecular Chemistry of the Czechoslovak Academy of Science, Praag/Prague
**1984** Galerie am Graben, Wenen/Vienna
**1985** Galerie Gottschalk-Betz, Frankfurt
**1986** University Maryland, Washington
**1989** Museum für Angewandte Kunst, Frankfurt
**1990** Kunstmesse, Maastricht
**1993** Rob van den Doel Galerie, Den Haag/The Hague; Mánes Exhibition Hall, Praag/Prague; National Gallery, Château Zbraslav, Praag/Prague

**1996** Synagogue, Hranice na Moravě
**1997** Moravian Gallery, Governer's Palace (Moravská galerie, Místodržitelský palác), Brno; White Unicorn Gallery (Galerie U bílého jednorožce), Klatovy
**1999** Galerie Friedman, New York; Galerie na Jánském Vršku, Praag/Prague
**2000** Lichtenštejnský palác, Praag/Prague
**2003** Galerie Pokorná, Praag/Prague
**2004** Galerie Benedikta Rejta, Louny; National Gallery, Veltržní palác, Praag/Prague

## Werken in/ Works displayed at

Stedelijk museum, Amsterdam; Kunstgewerbemuseum, Berlín; Múzeum Milana Dobeša, Bratislava; Slovenská národná galéria, Bratislava; Moravská galerie, Brno; Museum Coburg, Coburg; The Corning Museum of Glass, Corning (NY); Kunstmuseum, Düsseldorf; Museum für Kunstgewerbe, Frankfurt; Muzeum skla a bižuterie, Jablonec nad Nisou; Badisches Landes Museum, Karlsruhe; Museum Lausanne, Lausanne; Severočeské muzeum, Liberec; Galerie Benedikta Rejta, Louny; Musée des Arts Décoratifs, Montreal; American Crafts Museum, New York; Vlastivědné muzeum, Olomouc; Musée des Arts Décoratifs, Parijs/Paris; Národní galerie, Praag/Praha; Uměleckoprůmyslové muzeum, Praag/Praha; Museum Boijmans Van Beuningen, Rotterdam; Hokkaido Museum of Modern Art, Sapporo; Museum Bellerive, Zürich

## Ruimtelijk werk/ Works in architecture

**1966** Czechoslovak Embassy, Stockholm
**1967-1974** Slovak National Theatre, Bratislava; Slovak Fund Building (Matica Slovenská), Martin
**1974** Bratislava Castle (Bratislavský hrad), Bratislava
**1975** Academia Istropolitana, Bratislava
**1977** Spa Dudince; Monument Slovak National Rising, Banská Bystrica
**1978** Metro station Náměstí míru, Praag/Prague
**1979** Dom kultúry, Banská Bystrica; Slovak Government, Bratislava
**1983-1985** Metro station Náměstí republiky, Praag/Prague

**1988** Metro station Křížikova, Praag/Prague
**1992** Nationale Nederlanden, Rotterdam
**1995** Digital, Praag/Prague
**1998** Komerční banka, Praag/Prague
**1999** Česká spořitelna, Hradec Králové
**2000-2001** Galerie Kampa, Sovovy Mlýny, Praag/Prague

# Václav Cígler

1929, Vsetín, Tsjecho-Slowakije/Czechoslovakia

**1940-1948** Gymnasium/ Masaryk Grammar School, Vsetín
**1948-1951** SOŠS (Middelbare school voor glas/
Secondary School for Glassmaking), Nový Bor
**1951-1957** Kunstacademie/Academy of Fine Arts, Praag/Prague

**1965-1979** junior-hoogleraar en hoofd afdeling Glas in Architectuur/
Associate professor and head of the Glass in Architecture Department,
Kunstacademie/Academy of Fine Arts, Bratislava

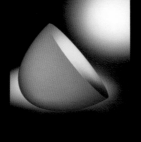
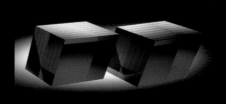

*Two Spherical Caps*, 2003, uitvoering/execution Jan Frydrych, helder optisch glas/clear optical glass, robijnkleurig gemetaliseerd/ruby metalised, d. 33 & 15 cm

*Half Egg*, 2003, uitvoering/execution Jan Frydrych, gesmolten en geslepen opaalglas/cast and ground opal glass, d. 25 cm

*Try Out*, 1991, uitvoering/execution Jan Frydrych, vacuüm gespiegeld vensterglas/vacuum metal coated table glass, verlijmd/glued, verzaagd/cut, gepolijst/polished, h. 8.5 cm

*Testing Material Pieces in Underground, Republic Square, Prague*, jaren 1980/1980s, uitvoering/execution Jan Frydrych, metaal gespiegeld glas/metal coated glass, h. 9.5 cm

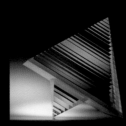
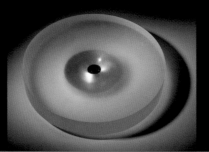

*Gap*, 1968/2004, uitvoering/execution Jan Frydrych, gezaagd, geslepen en gepolijst optisch glas/cut, ground and polished optical glass, d. 40 cm

*Pyramid*, 1987, uitvoering/execution Jan Frydrych, vacuüm metaal gespiegeld vensterglas, verlijmd, verzaagd en gepolijst/vacuum metal coated table glass, glued, cut and polished, h. 30 cm

*Well*, 2004, uitvoering/execution Jan Frydrych, gegoten, geslepen en gepolijst glas/cast, ground and polished glass, blauwe spiegel/blue mirror, d. 62 cm

*Two Half Eggs*, 1994, uitvoering/execution Jan Frydrych, gesmolten glas/melted glass, verlijmd/glued, gepolijst/polished, d. 23.5 cm

*Cylinder with Chamfered Surface*, 1965/1993, uitvoering/execution Jan Frydrych, geel optisch glas/yellow optical glass, d. 30 cm

*Testing Material*, 1990, uitvoering/execution Jan Frydrych, optisch glas/optical glass, h. 8 cm

*Discs*, 1990, uitvoering/execution Jan Frydrych, gespiegeld glas/coated glass, d. 10 cm

*Gap*, 1991, uitvoering/execution Jan Frydrych, vacuüm metaal gespiegeld vensterglas, verlijmd, verzaagd en gepolijst/vacuum metal coated table glass, glued, cut and polished, h. 170 cm, d. 24 cm

sieraad/jewellery *Spiral*, 1970, verchroomd metaal/chromium plated, d. 15 cm

## Zijn betekenis

Václav Cígler is een buitengewoon origineel en veelzijdig kunstenaar die de weg heeft gebaand voor nieuwe artistieke mogelijkheden in glas. Hij was, en is dat nog steeds, een bron van inspiratie voor vele nieuwe generaties kunstenaars. Objecten van zijn hand vormen de basis van de glascollectie Jonker-Zaremba. Daarnaast bevat deze verzameling een aantal ontwerpen van kunstenaars die (deels) hun opleiding bij Cígler hebben gevolgd aan de afdeling *Glas in architectuur* van de Slowaakse kunstacademie in Bratislava, dan wel sterk door Cígler zijn beïnvloed. De collectie is vanaf de jaren tachtig ontstaan en geeft een goed beeld van de ideeën die op deze afdeling sinds de oprichting in 1965 zijn ontwikkeld.

De betekenis van Václav Cígler is uitstekend beschreven door Jiří Zemánek in de inleiding van de catalogus bij de tentoonstelling van het werk van Cígler die in 1993 in de National Gallery in Praag plaatsvond:
*'De naam van Václav Cígler is voornamelijk verbonden aan zijn minimalistische objecten van geslepen optisch glas.*

*In deze objecten manifesteren zich al in de jaren zestig de specifieke esthetische eigenschappen en creatieve mogelijkheden van dit materiaal. Daardoor kon deze kunstrichting zijn eigen plaats veroveren. Zijn werk heeft zich onafhankelijk van andere kunstrichtingen ontwikkeld. Cígler's benadering van glas kent door zijn puurheid in de Europese context geen gelijke. Hij is de grondlegger van een nieuwe manier van artistiek denken die volstrekt afwijkt van de traditionele glaskunstopvattingen. Daardoor ontstonden nieuwe kunstuitingen als installaties in glas (en metaal) in het landschap, architectuur, tuindesign en "utopische" projecten. Zij hebben één gezamenlijke noemer, namelijk de mens en zijn leefomgeving.'*

Volgens Jiří Šetlík, tot 1970 directeur van het Museum voor Toegepaste Kunsten in Praag, is voor Cígler het proeven van de vrijheid die in de jaren zestig dankzij de Praagse lente korte tijd mogelijk werd gemaakt, van grote invloed geweest op zijn creatieve ontwikkeling. Al snel werd volgens hem duidelijk dat Cígler deel zou gaan uitmaken van een groep kunstenaars die de glaskunst tot een zelfstandige kunstvorm wisten te ontwikkelen.

## Importance

Václav Cígler is an extraordinarily original and versatile artist who has pioneered new artistic avenues in glass. He has been — and, indeed, continues to be — a source of inspiration for generation upon generation of artists. Objects created by him form the basis of the Jonker-Zaremba glass collection. In addition, the collection includes a number of designs by artists who received all or part of their training under him at the *Glass in Architecture* Department of the Slovak Academy of Fine Arts in Bratislava, or who have been heavily influenced by him. The collection was started in the 1980s and gives a clear impression of the ideas that have been developed at this department since its establishment in 1965.

The importance of Václav Cígler is excellently described by Jiří Zemánek in the introduction to the catalogue for Cígler's 1993 exhibition at the National Gallery in Prague:
*'Václav Cígler's name is mainly connected with his Minimalist objects made of cut optical glass. As early as*

*the '60s, these objects demonstrate the specific aesthetic properties and creative potential of this material. It was due to them that this art form has been able to win a place of its own. His work has developed independent of other trends in art. The purity of Cígler's approach to glass makes it unequalled in the entire European context. He is the founder of a new artistic philosophy completely different from traditional ideas of glass art. It has produced new forms of artistic expression, such as glass (and metal) installations in the landscape, architecture, garden design and "utopian" projects. They have one common denominator, and that is man and his environment.'*

According to Jiří Šetlík, until 1970 Director of the Prague Museum of Applied Arts, the brief taste of freedom made possible in the 1960s by the 'Prague Spring' was a major influence on Cígler's creative evolution. He says that it quickly became apparent that Cígler was to be one of a group of artists with the ability to make glass an independent art form.

De nieuwe kunstopvattingen van Cígler zijn al direct herkenbaar in zijn eerste glasobjecten. Typerend voor hem is zijn uitspraak *'Glas is het wonder van de glazen plaat die de doorkijk naar alles mogelijk maakt'*, waarin zijn verbazing tot uiting komt over de meest elementaire zintuiglijke indrukken die glas oproept. Cígler benadert zijn creatieve werk als een onderzoeker. Zoals vroeger de landschapschilders dat deden, is hij op zoek naar de wetmatigheden in de natuur, in het bijzonder die van optische effecten in glas. Wat hem daarbij vooral fascineert, zijn zaken als transparantie, buiging van licht en het uittreden van lichtstralen. De magie van deze effecten is dat zij eindeloze mogelijkheden bieden tot modelleren en manipuleren. Volgens Cígler verandert het glasobject van een min of meer gesloten kunstvoorwerp tot een gereedschap, of (zoals hij zelf zegt) tot een medium van zintuiglijke belevingen. Van groot belang hierbij is de schoonheid van de precies geconstrueerde, op zich zelf staande, abstracte vorm. De kijker wordt door het glasobject de mogelijkheid geboden zelf wisselende beelden te creëren, vanuit een geconcentreerde contemplatie en confrontatie

met de realiteit. *'De werkelijkheid wordt gemodelleerd als een gebeuren, een evenement dat wordt ontsluierd in haar sublieme energetische essentie, waarbij licht de bepalende factor is.'*

## De afdeling *Glas in architectuur*
Václav Cígler komt voort uit de Tsjechische glaswereld waar hij in de periode 1951-1957 studeerde bij prof. Josef Kaplický aan de glasafdeling van de Praagse kunstacademie. In 1965 kreeg hij de leiding over de door hem opgerichte afdeling *Glas in architectuur* van de kunstacademie in Bratislava wat van beslissende invloed bleek te zijn voor de Slowaakse glaskunst. Tijdens die Slowaakse periode is hij niet alleen docent, maar ontwerpt hij ook monumentale werken in de architectuur als lichtobjecten en verlichtingselementen. Cígler doceerde vrijwel gelijktijdig aan de academie in Bratislava als Stanislav Libenský aan de academie in Praag. Zo ontwikkelden zich dus tegelijkertijd in zowel Praag als Bratislava twee buitengewoon sterke persoonlijkheden, die uitgroeiden tot de

Cígler's new artistic philosophy is immediately recognisable in his very first glass objects. A typical statement by him, expressing his astonishment at the most elementary sensory impressions created by glass, is *'Glass is the miracle of the sheet of glass which makes it possible to look through it and see everything'*. Cígler approaches his creative work as if it were a form of research. Like the landscape painters of the past, he investigates the laws of nature, in this case those of optical effects in glass. What fascinates him most in this respect is properties like transparency, the refraction of light and the way rays exit the glass. The magic of these effects is the endless potential they offer for modelling and manipulation. According to Cígler, the glass object changes from a more or less self-enclosed work of art into a means, or (as he himself puts it) a medium, of sensory perception. The beauty of the precisely constructed, independent, abstract form is of great importance in this respect. The glass object gives the viewer the opportunity to create for himself a series of images based on a focused contemplation of, and confrontation with, reality. *'The real world is

modelled like a happening, an event that is unveiled in its sublime energetic essence, with light as the decisive factor.'*

## The *Glass in Architecture* Department
Václav Cígler is a product of the glass world of the Czech Republic, having trained between 1951 and 1957 under Josef Kaplický at the glass department of the Prague Academy of Fine Arts. In 1965 he was appointed head of the *Glass in Architecture* Department that he had himself established at the Bratislava Academy of Fine Arts. This move was to decide the future direction of glass art in the Slovak Republic. During his time in Slovakia, Cígler not only taught at the department, but also designed monumental works such as light objects and lighting fixtures for use in architectural settings. Cígler's period at the Bratislava academy coincided almost exactly with that of Stanislav Libenský at the academy in Prague. This meant that two extraordinarily strong personalities were evolving concurrently in the two cities and founding two new schools of glass art with totally different philosophies.

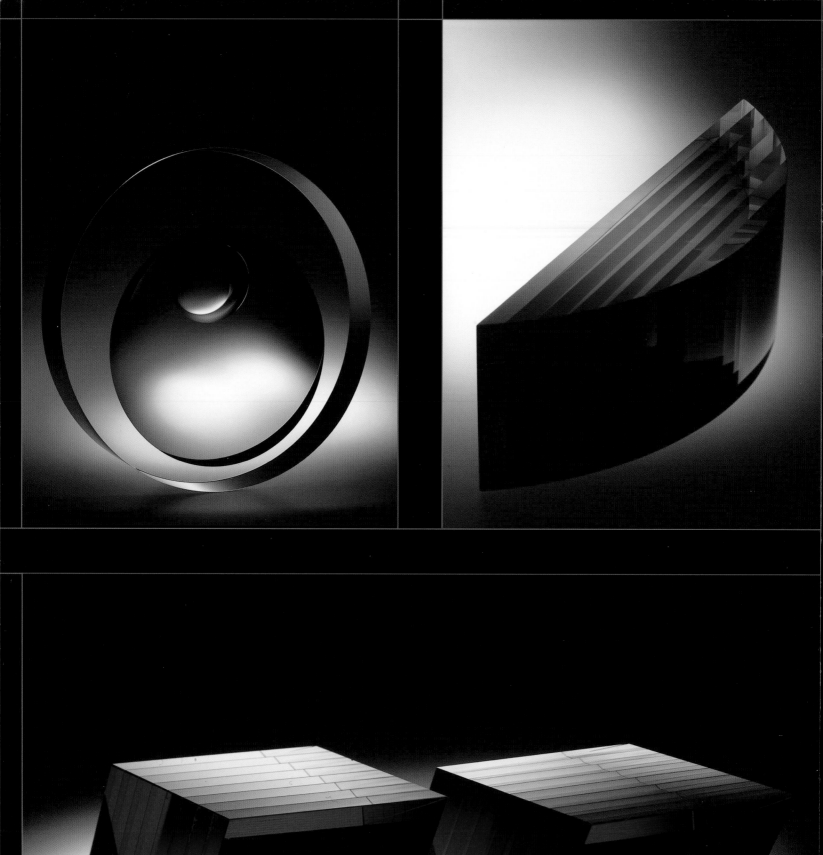

grondleggers van twee nieuwe glasscholen met totaal verschillende opvattingen.

Voor de tentoonstelling *Václav Cígler en de bij hem afgestudeerde leerlingen aan de afdeling* Glas in architectuur *van de kunstacademie in Bratislava (1965-1979)* die in 2003 zowel in Praag als in Bratislava was te zien, verwoordde Cígler zijn besluit deze afdeling op te richten als volgt:

'*Veertig jaar geleden ben ik gevraagd een nieuwe afdeling* Glas in architectuur *aan de academie in Bratislava op te richten en te leiden. Ik had de nodige twijfels en heb mijzelf de vraag gesteld of het hoe dan ook wel mogelijk is kunst aan te leren. Anders gezegd: hoe geef je les zonder overbodig te adviseren, hoe begeleid je studenten zonder hen te deformeren op professioneel en persoonlijk gebied. Uiteindelijk ben ik tot de conclusie gekomen dat een school een plaats kan zijn voor geconcentreerd denken en individueel of collectief bezig zijn. Het kan ook een geschikte plaats zijn voor jonge studenten om zich, naar de mate en soort van hun talent, te oriënteren en zich bewust te worden van de mogelijkheden van hun toekomstige weg in de kunst.*

*Voorwaarde is het creëren van een sfeer waarin dit proces niet wordt verstoord. Het gaat om een sfeer van vrijheid, zonder angst en vrees voor negatieve persoonlijke of professionele gevolgen. Dit klinkt vandaag de dag als iets vanzelfsprekends, maar toen was dat niet zo. Ik durf te zeggen dat bij ons die sfeer van vrije artistieke competitie heerste. Wij waren ons ervan bewust dat wij, als wij naar ons geweten wilden leven, niet mochten toegeven aan angst.*

*De afdeling* Glas in architectuur *was een school voor vrije uiting, een ontwerpschool, met aan de ene kant de mogelijkheid voor individuele en collectieve creaties, aan de andere kant zekere beperkingen als gevolg van maatschappelijke opvattingen en de technische grenzen van een industrieel product. In deze bipolariteit kreeg de student de mogelijkheid zelf het volgende helder te krijgen: "Ben ik meer geneigd tot het oplossen van precies omschreven opdrachten, of prefereer ik vrijere uitdagingen". Dit is van belang met het oog op het toekomstige beroep. Iedere student moest natuurlijk het verplichte programma doorlopen, maar hij kreeg ook de mogelijkheid zich bezig te houden*

Speaking in connection with an exhibition entitled *Václav Cígler and his students at the* Glass in Architecture *Department of the Academy of Fine Arts in Bratislava (1965-1979)*, on show in 2003 in both Prague and Bratislava, Cígler explained his decision to set up this department in the following words:

'*Forty years ago I was asked to set up and head a new* Glass in Architecture *Department at the academy in Bratislava. I had the inevitable doubts and even wondered whether it was possible to teach art at all. I mean, how can you teach without giving unnecessary advice? How can you support students' professional and personal development without distorting it? In the end, I came to the conclusion that a school can be a place for concentrated thought and individual or collective activity. It can also be a place where young students can look around and become aware of possible future avenues for themselves in the art world, depending on the extent and nature of their talents. But you have to create an atmosphere in which this process can take place undisturbed. It has to be an atmosphere of freedom, without anxiety or fear of personal or professional retribution. These days, that sounds obvious, but it wasn't then. I would venture to say that we created that kind of atmosphere of untrammelled artistic competition in our department. We realised that we mustn't give in to fear if we wanted to live according to our consciences.*

*The* Glass in Architecture *Department was a school of free expression, a design school, with on the one hand the opportunity for individual and collective creativity, and on the other certain constraints due to the views of society and the technical limitations of industrial production. Within this bipolar setting, students were given the opportunity to find out for themselves whether their bent was more towards the solution of precisely defined assignments, or whether they preferred freer challenges. This is an important issue in terms of future career. All students had, of course, to complete the compulsory study programme, but they were also given the opportunity to focus on the topics most relevant to themselves as individuals and then to discuss them freely in the collective sessions.'*

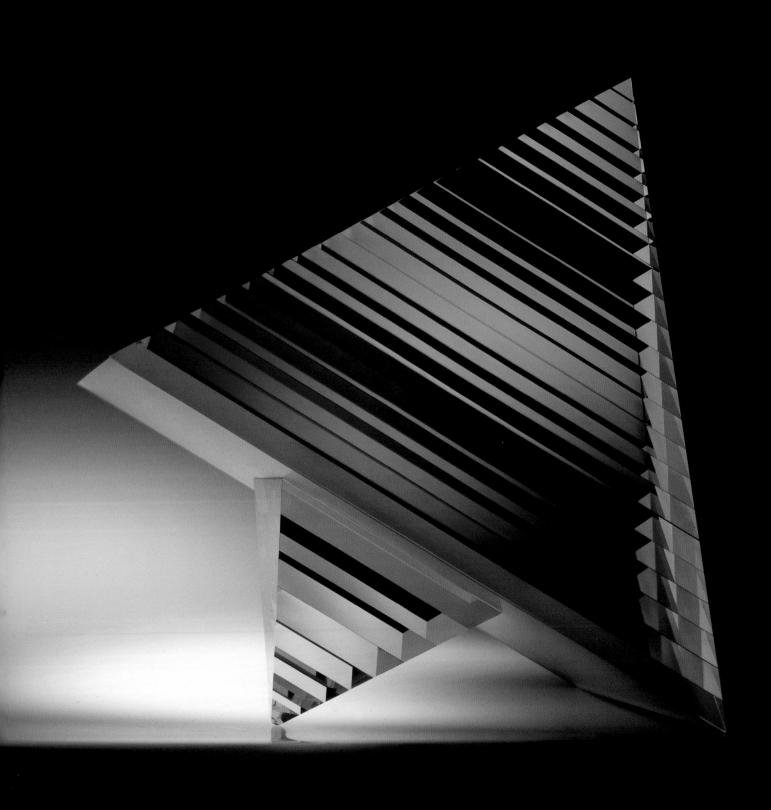

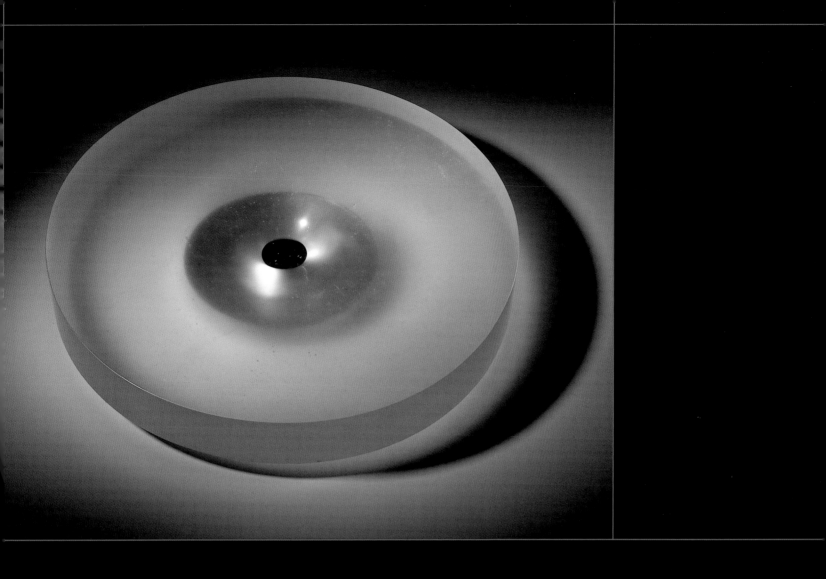

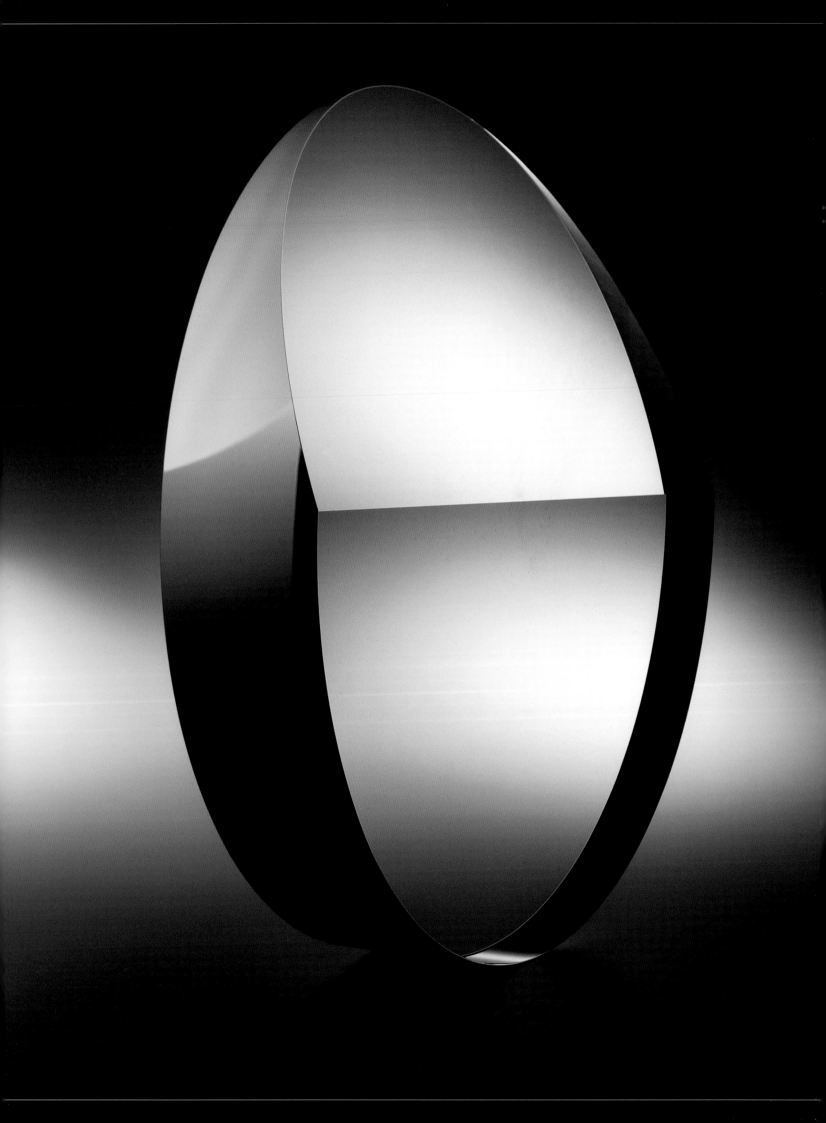

*met de voor hem meest relevante thema's die hij vervolgens tijdens de collectieve sessies vrij kon bespreken.'*

Cígler noemt als uitgangspunt van zijn pedagogische werk lessen die aanzetten tot het nadenken over mensen. Kunstonderwijs was voor hem niet het geven van informatie, maar het ontwikkelen van een creatief denkproces. Hij zag een kunstacademie als een laboratorium waar ideeën ontstonden, als een plaats van experiment en zelfherkenning. Omdat iedere leerling een uniek individu is, moet men in het onderwijs de decodeersleutels zien te vinden die diens persoonlijkheid weten te ontsluiten.

In de periode 1965-1979 zijn bij Václav Cígler 24 studenten afgestudeerd, terwijl een aantal deels aan zijn onderwijs heeft deelgenomen. Tot zijn afgestudeerde leerlingen behoren Miloš Balgavý (1955), Eva Fišerová (1947), Pavol Hlôška (1953), Juraj Opršal (1953), Štěpán Pala (1944), Zora Palová (1947), Josef Tomečko (1945) en Askold Žačko (1946), zijn opvolger aan de academie. Jozef Kolembus (1955) en Marián Mudroch (1945) hadden tijdens hun opleiding geregeld contact met Cígler, terwijl elders gevormde kunstenaars als

Lubomír Artz (1946) en Jan Frydrych zich sterk met zijn filosofie verbonden voelden. Van al deze glaskunstenaars is werk in de verzameling Jonker-Zaremba vertegenwoordigd.

## Cígler in Nederland

Václav Cígler was in 1961 voor het eerst in Nederland te zien als deelnemer aan de tentoonstelling *Tsjechisch glas* die toen in Amsterdam plaatsvond. In 1970 nam hij in het Stedelijk Museum te Amsterdam deel aan de spraakmakende tentoonstelling *Op losse schroeven*. Als mijlpaal beschouwt hij zelf de solotentoonstelling die in 1975 door het Rotterdamse Museum Boijmans Van Beuningen op initiatief van de conservator Bernardine de Neeve van zijn werk werd georganiseerd. Vanaf 1980 was zijn werk regelmatig te zien in de Haagse galerie van Rob van den Doel.

Een belangrijk en wellicht beslissend moment in de relatie Cígler-Nederland is het bezoek geweest dat Sam Jonker, in die tijd lid van de raad van bestuur van Nationale-Nederlanden, in december 1989 aan Cígler in Praag bracht. Hij deed dit samen met Herman Huizinga, een ander lid van

Cígler says that the starting-point for his teaching was to encourage students to think about people. For him, art education was not a matter of spoon-feeding students with information, but of developing a process of creative thought. He saw an art school as a laboratory in which ideas were generated, a place for experimentation and self-discovery. Because every student was a unique individual, the aim of education had to be to find the right code to unlock his or her personality.

In the period between 1965 and 1979, 24 students completed their entire training under Václav Cígler, while a number of others did part of their training under him. The 24 graduates included Miloš Balgavý (b. 1955), Eva Fišerová (b. 1947), Pavol Hlôška (b. 1953), Juraj Opršal (b. 1953), Štěpán Pala (b. 1944), Zora Palová (b. 1947), Josef Tomečko (b. 1945), and Askold Žačko (b. 1946). The last of these became his successor at the academy. Jozef Kolembus (b. 1955) and Marián Mudroch (b. 1945) had regular contact with Cígler in the course of their training, while glass artists who did their training elsewhere, such as

Lubomír Artz (b. 1946) and Jan Frydrych, felt that they owed much to his philosophy. The Jonker-Zaremba collection includes work by all these artists.

## Cígler in the Netherlands

In the Netherlands, Václav Cígler's work was seen for the first time as part of the 1961 *Czech Glass* exhibition in Amsterdam. In 1970 it was also included in the controversial exhibition *Op losse schroeven/ When Attitudes Become Form* held at the Stedelijk Museum in Amsterdam. Cígler himself regards as a particular milestone the solo exhibition of his work held in 1975 by the Boijmans Van Beuningen Museum in Rotterdam on the initiative of curator Bernardine de Neeve. Since 1980, his work has regularly been on show at the Rob van den Doel Gallery in The Hague.

An important and perhaps decisive event in relations between Cígler and the Netherlands was the visit that Sam Jonker paid him in Prague in December 1989. Jonker was then a member of the board of the Nationale-Nederlanden insurance company. He was accompanied

de raad van bestuur, de architect Abe Bonnema die op dat moment werkte aan het ontwerp voor het nieuwe kantoor van Nationale-Nederlanden in Rotterdam, en galeriehouder Rob van den Doel. Uit dit bezoek vloeide voor Cígler zijn eerste belangrijke Nederlandse opdracht voort voor het ontwerpen van enige monumentale glasobjecten in het in 1991 opgeleverde gebouw van Nationale-Nederlanden.

Nederland was voor Cígler al een min of meer vertrouwd terrein door de verwantschap die hij met de kunst van De Stijl voelde. De wijze waarop kunstenaars van deze beweging naar het elementaire in de kunst zochten, sprak hem bijzonder aan. In het verlengde hiervan was hij zeer geïnteresseerd in het werk van A.D. Copier, de belangrijkste Nederlandse glaskunstenaar van het Interbellum. Naar hij zelf zegt, hebben Cígler en Copier zelfs nog contact met elkaar gehad. Copier was als ontwerper verbonden aan de Glasfabriek Leerdam welke fabriek zich er op richtte goed ontworpen gebruiksvoorwerpen te maken om daarmee de leefomgeving van de mens te verbeteren. Deze doelstelling kwam voort uit de door de theosofie gekleurde opvatting

dat de leefomstandigheden van de mens zouden verbeteren wanneer hij was omringd door schoonheid. Hierin ligt een duidelijke analogie met het gedachtegoed van Václav Cígler die in zijn kunstobjecten er eveneens naar streeft een allesomvattende schoonheid te realiseren die een discussie aangaat met de (architectonische) omgeving. Als voorbeeld hiervan kan het object worden genoemd in de vorm van een half ei dat Cígler in de tweede helft van de jaren negentig ontwerpt om in een ruimtelijke omgeving te plaatsen. In die compositie van het doorgesneden ei biedt hij de kijker een blik in het embryonale midden.

Het werk van Cígler, dat ontstaat door slijpen, polijsten, matteren en met spiegelfolie bedekken, is gerelateerd aan de natuurlijke orde die een weerspiegeling is van de kosmos. Voor Copier lag het geheim van het universum in de natuur en de wetmatigheden die aan deze ten grondslag lagen. Het is op dit punt dat de twee kunstenaars elkaar ontmoeten.

## Ruimtelijke glasplastieken
In de glasobjecten die zich naar ontwerp van Cígler in de col-

by Herman Huizinga (another board member), architect Abe Bonnema, who was working on the design for the company's new offices in Rotterdam, and gallery-owner Rob van den Doel. The visit led to Cígler's first major commission in the Netherlands, for the design of several monumental glass objects to be used in the new Nationale-Nederlanden building (completed in 1991).

The Netherlands was already a sort of home from home for Cígler because of the affinity he felt with the De Stijl movement. He was strongly attracted by the way the artists associated with it sought to reduce art to its basic elements. This sense of kinship led in turn to a deep interest in the work of A.D. Copier, the foremost Dutch glass artist of the 1920s and '30s. According to his own account, he and Copier even had personal contact with each other. Copier worked as a designer at the Leerdam Glassworks, a company which aimed to improve the lives of ordinary people by producing well-designed domestic glassware. This mission was inspired by the idea, coloured by theosophy, that people would live better lives if they were surrounded by beautiful

objects. There is a clear analogy here with the philosophy of Václav Cígler, who likewise strives to achieve in his art objects an all-encompassing beauty which enters into a dialogue with their (usually architectural) setting. One example is the object in the shape of a bisected egg that Cígler was to design in the latter half of the 1990s for display in an architectural setting. The composition offers the viewer a view of the egg's embryonic centre.

Cígler's objects — produced by cutting, polishing or matting glass, or covering it with mirror film — are related to the natural order, which is a reflection of the cosmos. For Copier, the secret of the universe was to be found in nature and the laws underlying it. It is here that the philosophies of the two artists coincide.

## Three-dimensional glass sculptures
All the basic principles of Cígler's philosophy are represented in the glass objects designed by him which are now in the Jonker-Zaremba collection. The three key preoccupations united in all of them are the expressive qualities of

lectie Jonker-Zaremba bevinden, zijn al zijn filosofische uitgangspunten vertegenwoordigd. Waar het bij hem steeds om draait, is de drie-eenheid van de plastiek in glas, de relatie tot de architectuur en het omgaan met de materialen glas en metaal. In zijn visionaire landschapsontwerpen gaat Cígler terug naar de essentie en maakt deze voor de mens opnieuw zichtbaar. Een voorbeeld hiervan is het ontwerp voor een waterplastiek dat Cígler in 1982 maakte voor de tentoonstelling *Wereld van rivieren — schoon water als levensbron* in New Orleans. Het betrof hier een ontwerpwedstrijd waaraan 472 kunstenaars uit 32 landen deelnamen en waarvan het ontwerp van Cígler uiteindelijk werd gekozen. De essentie van zijn waterplastiek was dat hij het thema water niet illustreerde, maar het direct in zijn ontwerp tot uitdrukking bracht. Hoewel het ontwerp uiteindelijk door een gebrek aan financiële middelen niet is gerealiseerd, is het wel de basis gebleken van een nieuw, zich herhalend motief in het latere werk van Cígler: een grote cirkel die naar de toeschouwer toe kantelt. In de jaren tachtig en negentig komt dit motief met grote regelmaat terug in zijn monumentale minimalistische plastieken van glas en metaal. Deze objecten zijn uniek door de manier waarop er met het begrip ruimte wordt omgegaan. Ze kunnen gezien worden als de voorgangers van het monumentale kunstwerk dat Cígler in 1991 realiseerde in het Rotterdamse kantoorgebouw van Nationale-Nederlanden. Maar ook latere ontwerpen zijn op deze 'prototypen' terug te voeren. Zo ontwierp Cígler in 1995 een ruimtelijk object voor het gebouw van Digital en in 1998 voor de hal van het gebouw van De Commerciële Bank, beide in Praag. In 2001 kreeg hij de kans om in het Praagse Museum Kampa een glazen 'waterloop' te realiseren die door het hele gebouw stroomt en in de Moldau uitkomt.

Sinds 1967 hebben meer dan 30 tentoonstellingen over het werk van Cígler plaatsgevonden. Hiertoe behoort de eerder genoemde expositie *Václav Cígler en de bij hem afgestudeerde leerlingen aan de afdeling* Glas in architectuur *van de kunstacademie in Bratislava (1965-1979)* die in 2003 te Praag en Bratislava plaatsvond. In deze tentoonstelling kwam zijn nauwe relatie met zijn studenten naar voren en het zware stempel dat hij op de ontwikkelingen van de Slowaakse glaskunst heeft gedrukt.

40

glass, the relationship between the object and an architectural setting, and the handling of the materials (invariably glass and metal). In his visionary landscape designs, Cígler goes back to the essence and reveals it afresh. An example of this is the design for a water sculpture that he produced in 1982 for a New Orleans exhibition entitled *The World of Rivers — Fresh Water as a Source of Life*. In a design competition that attracted entries from 472 artists in 32 different countries, Cígler's entry was eventually selected as the winner. The essence of his design was his decision not to illustrate the theme of water, but to express it directly. Although the financial resources to execute the design were ultimately to prove unavailable, the design became the basis for a new and recurrent motif in Cígler's work: a large circle inclined towards the viewer. This is a fairly constant motif in his large Minimalist glass and metal sculptures of the 1980s and '90s. These objects are unique in the way they deal with space. They can be seen as the forerunners of the monumental object that Cígler created in 1991 for the Nationale-Nederlanden building in Rotterdam, but later designs can also be traced back to these 'prototypes'. In 1995, for example, Cígler designed a three-dimensional object for the Digital building and in 1998 one for the lobby of the offices of the Komerèní Banka, both in Prague. In 2001, he was given the opportunity to create for the Kampa Museum in Prague a glass 'water channel' flowing through the entire building and discharging into the Moldau.

Since 1967 there have been over 30 exhibitions of Cígler's work. The list includes one entitled *Václav Cígler and his students at the* Glass in Architecture *Department of the Academy of Fine Arts in Bratislava (1965-1979)*, shown in 2003 in both Prague and Bratislava. This exhibition revealed his close relationship with his students and his heavy influence on developments in glass art in the Slovak Republic.

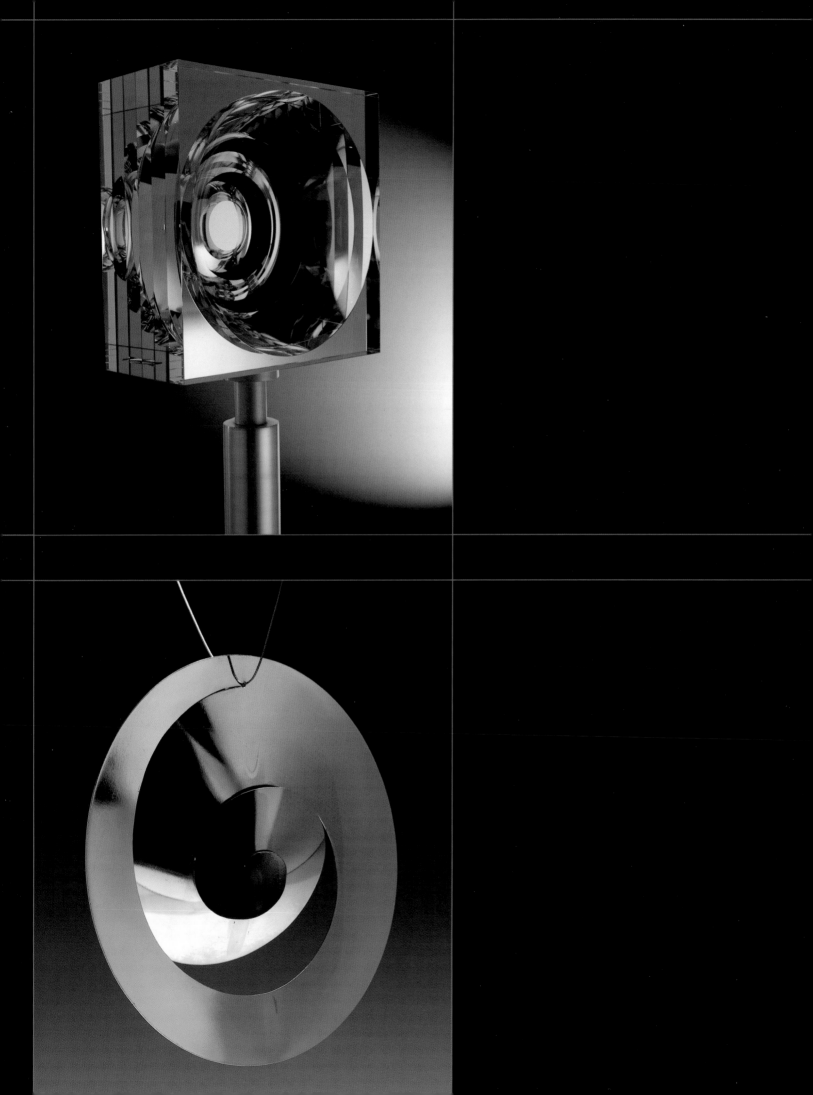

## Solotentoonstellingen/
## Solo exhibitions

**1991** Galerie D'Amon, Paris; Glass
Art Gallery, Toronto
**1993** Essener Glass Gallery, Essen
**1994** Galerie Broft, Eindhoven;
Galerie Groll, Naarden

## Werken in/
## Works displayed at

Ministerstvo kultúry, Bratislava;
Slovenská národná galéria,
Bratislava; Glassmuseum, Ebeltoft;
Muzeum skla a bižuterie, Jablonec
nad Nisou; Museum Sars Poteries,
Sars

# Lubomír Arzt

**1946, Prašice, Tsjecho-Slowakije/Czechoslovakia**

**1960-1964** SOŠS (Glasschool/Secondary School for Glassmaking),
Železný Brod
**1974-1976** individuele glasstudie bij/individual glass study with
Břetislav Novák, Nový Bor

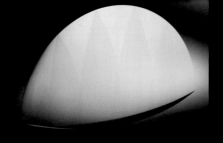

object, 1994, optisch glas optical glass, verlijmd verzaagd/glued cut, gepolijst/polished, h. 40 cm

*Ashtray for Sam*, 1996, optisch glas/optical glass, verzaagd/cut, gepolijst/polished, h. 14 cm

object, 2001, helder glas/ clear glass, verlijmd/glued, verzaagd/cut, gepolijst/polished, h. 20 cm

*Lady*, 2002, optisch glas/optical glass, verzaagd/cut, gepolijst/polished, h. 34.5 cm

*Astrus*, 1995, optisch glas/optical glass, verlijmd verzaagd/glued cut, gepolijst/polished, h. 33 cm

*Champagne*, 2000, optisch glas/optical glass, verzaagd/cut, gepolijst/polished, h. 28 cm

object, 1998, optisch glas/optical glass, vensterglas/table glass, verzaagd/cut, gepolijst/polished, h. 25 cm

*Ashtray II*, 1995, optisch glas/optical glass, verzaagd/cut, gepolijst/polished, h. 10 cm

object, 2001, helder optisch glas/clear optical glass, verzaagd/cut, gepolijst/polished, h. 24 cm

object, 1992, optisch glas/optical glass, gepolijst/polished, d. 15 & 20 cm

## Een idyllische jeugd

Lubomír Artz werd in 1946 in Prasice bij Topolcany (Slowakije) geboren. Omdat zijn vader bergwachter was, heeft Lubomír zijn kindertijd midden in de bossen doorgebracht. Het waren volmaakte jeugdjaren, bijna vergelijkbaar met de idyllische jeugd die in de Tsjechische roman *Babicka* (vertaald: grootmoeder) beschreven staat. Zijn vader zat in zijn vrije tijd te schilderen, zijn moeder hield van literatuur en zijn grootmoeder las de kinderen sprookjes en verhalen van Pavol Dobsinsky voor. Dat deze jeugd van grote invloed op zijn ontwikkeling als kunstenaar is geweest, wordt duidelijk uit het volgende citaat, opgetekend uit de mond van Artz zelf:

*'Als kind verbleef ik het liefst in het bos dat zich rondom ons huis en dorp uitstrekte. Dat bos was voor ons in alle jaargetijden een landschap waarin wij leefden en dat wij onvoorwaardelijk moesten beschermen. Ik was vooral geïnteresseerd in zijn diepte, zijn grootte, zijn vormen en structuren, zijn kleuren, de afstanden tussen de stammen, de zachte golvingen van de grond, de bewegingen van takken in de kruinen van de bomen en in de in spiegelbeeld gemodelleerde open ruimte.*

*Dit natuurlijke milieu heeft zich als een artistiek achtergronddecor in mijn denken gegraveerd. Alles wat ik bekeek, heeft bij mij steeds de vraag opgeroepen: hoe zouden al deze vormen herschapen kunnen worden, welke structuren zitten erin verborgen. Hout, aarde, stenen, die overal in alle mogelijke formaties lagen en waarin kristallen in allerlei kleuren schenen en schitterden.'*

## Zijn opleiding en eerste baan

Aan het eind van de jaren vijftig studeerde een oudere broer van Lubomír houtbewerking aan de Middelbare school voor Toegepaste Kunsten in Bratislava. Vandaar dat ook Lubomír in 1960 voor deze school toelatingexamen deed. Maar toen zijn broer hem enthousiast verhaalde over een bezoek dat hij aan de glasfabriek in Zelezny Brod in Tsjechië had gebracht, besloot de toen 14-jarige Lubomír om daar aan Middelbare glasschool te gaan studeren.

## An idyllic childhood

Lubomír Artz was born in 1946 in Prasice, in the Topolcany district of Slovakia. Because his father was a mountain ranger, Lubomír spent his childhood in the heart of the forest. It was an idyllic period, almost like that described in the famous Czech novel *Babicka* (translated as *The Grandmother*). His father spent his spare time painting, his mother loved literature and his grandmother read the children fairy stories and folk tales collected and written by Pavol Dobsinsky. The heavy influence of this childhood on his artistic development is clear from the following quotation, taken from an interview with Artz:

*'When I was a child, my favourite place was the forest that surrounded our house and the village. That forest was a landscape we inhabited at all times of the year and which we felt implicitly bound to protect. I was interested most of all in its depth, its size, its forms and structures, its colours, the distances between the tree-trunks, the gentle undulations of the forest floor, the movements of the branches in the tree-tops and the way they mirrored the open spaces.*

*This natural environment engraved itself on my mind as a background to my artistic development. Everything I saw made me wonder how to recreate its shapes and what structures were concealed within them. Wood, earth and stones, which were all around in every possible formation and in which crystals shone and glittered in all sorts of colours.'*

## Training and first job

In the late '50s, one of Lubomír's older brothers trained as a carpenter at the Secondary School for Applied Arts in Bratislava. For this reason, Lubomír sat the entrance exam for the school in 1960. But when his brother gave him an enthusiastic account of a visit he had made to the Czech glassworks in Železný Brod, the 14-year-old decided to enrol at the Secondary School for Glassmaking instead.

At first, he felt uncertain of himself in his new surroundings and it took a while to get used to the tasks he was allocated. At that time, attractive assignments like working with glass figurines and engraving were given to the girls. He found himself being given mainly glass-cutting,

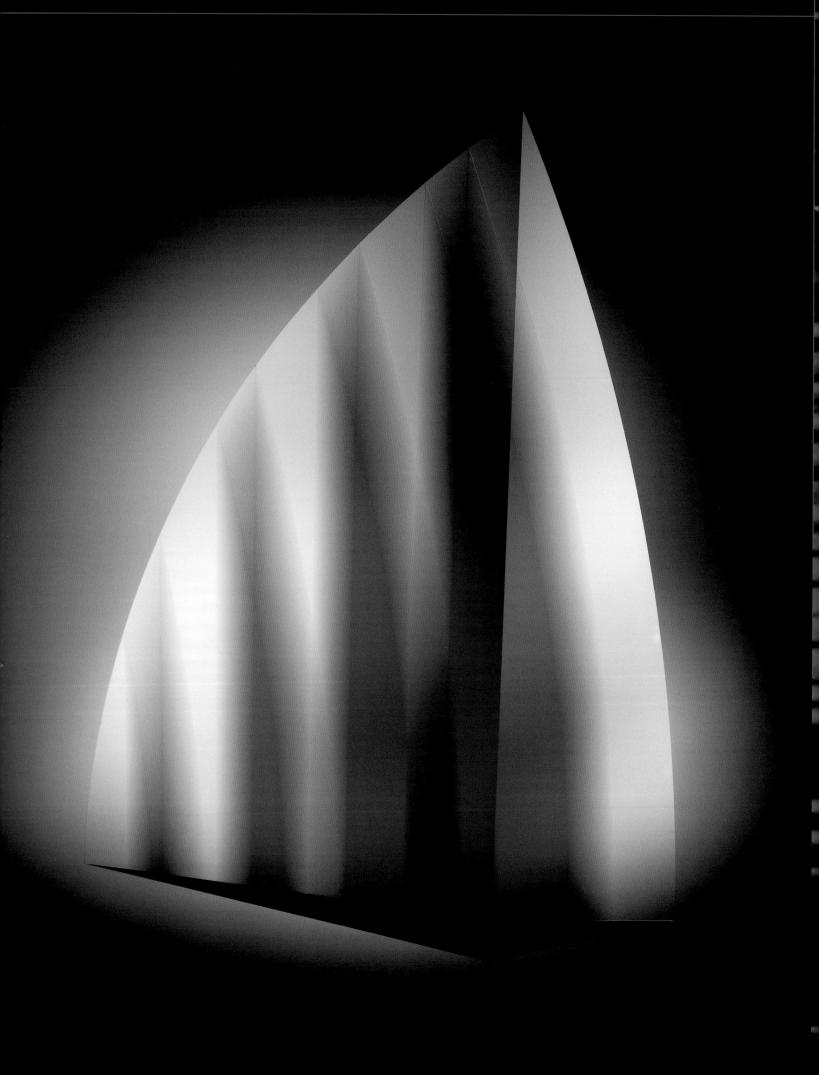

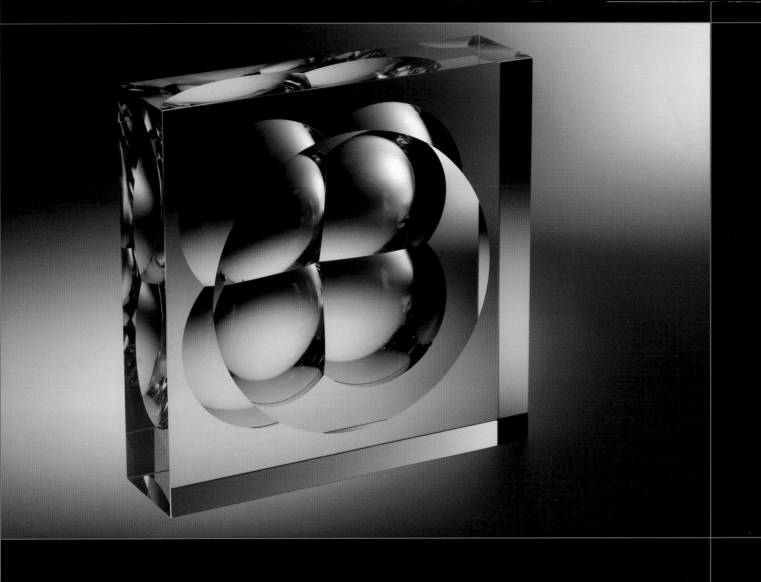

In het begin was hij onzeker door de verandering van omgeving en moest hij wennen aan de taken die hem werden toebedeeld. Leuke opdrachten zoals het werken met glasfiguren en het graveren, werden in die tijd immers aan de vrouwelijke leerlingen gegeven. Hijzelf echter moest vooral slijpen, een minutieuze bezigheid die onder de studenten weinig populair was. Wanneer Lubomír Artz daar nu op terugkijkt, kan hij niet anders dan concluderen dat hij hieraan zijn absolute precisie en eindeloze geduld in het werken met glas heeft te danken. Door zijn goede studieresultaten trok Lubomír de aandacht van Bretislav Novak sr., een invloedrijk docent die van 1942-1973 aan de school was verbonden. Na het voltooien van zijn studie in 1964 ging hij voor twee jaar naar Liberec om zijn militaire dienstplicht te vervullen. Hierna werd hij, als gevolg van het toenmalige systeem van overheidssturing, in de glasfabriek van het Tsjechische Zelezny Brod geplaatst.

## Kunstenaarscollectief SKOCKO

De bezetting van Tsjecho-Slowakije in 1968 door de legers van het Warschaupact had grote gevolgen voor de leef-omstandigheden waarin politieke onderdrukking alom tegenwoordig was. In het geval van Artz betekende dit dat hij naar een glasschoolatelier werd overgeplaatst waar ondanks de heersende verlamming van creativiteit toch nieuwe werken ontstonden die het gebruiksglas tot glaskunst transformeerden. Intussen werd aan de afdeling *Glas in architectuur* van de Slowaakse kunstacademie het idee geopperd Lubomír Artz als specialist op het gebied van het slijpen van glas naar Bratislava te halen. Achter dit initiatief stonden twee jonge kunstenaars die later markante persoonlijkheden in de Slowaakse glaskunstwereld zouden worden: Josef Tomečko en Askold Žačko. In 1973 keert Artz daarom terug naar Slowakije en begon hij samen met Tomečko en Žačko een kunstenaarscollectief onder de naam SKOCKO. Oorspronkelijk was ook Pavol Tomečko lid van deze groep, totdat hij begin jaren tachtig naar Australië vluchtte. Voor Jozef had dit als vervelende consequentie dat zijn leefomstandigheden nog verder verslechterden. SKOCKO realiseerde projecten in relatie tot de architectuur als monumentale glasobjecten, glaswanden en verlichtings-

an unpopular activity demanding meticulous attention. Looking back, Lubomír Artz is forced to admit that it is to this apprenticeship that he owes his present absolute precision and endless patience in working with glass. At the time, his good marks attracted the attention of Bretislav Novak sr., an influential teacher who worked at the school between 1942 and 1973. After completing his training in 1964, Lubomír went to Liberec for two years of compulsory military service before being dispatched — under the system of government control then in force — to work at the Železný Brod glassworks in the Czech Republic.

## The SKOCKO artists' collective

The occupation of Czechoslovakia by the armies of the Warsaw Pact countries in 1968 had a huge impact on the life of the country. All political dissent was suppressed. Luckily, Artz was transferred to the studio of a glass school where, despite the creative paralysis imposed on the country, new work being done that transformed functional glassware into glass art. Meanwhile, however, at the *Glass in Architec-ture* Department of the Slovak Academy of Fine Arts, the idea was being mooted that he should be brought to Bratislava as a glass-cutting specialist. Behind this initiative were two young artists who were later to become prominent personalities in the world of glass art in Slovakia: Josef Tomečko and Askold Žačko. In 1973, therefore, Artz returned to the Slovak Republic and, together with Tomečko and Žačko, launched an artists' collective under the name of SKOCKO. Originally, Pavol Tomečko was also a member of the group, but in the early '80s he defected to Australia. This made life even harder for his brother, Josef. SKOCKO undertook architecture-related projects such as monumental glass objects, glass partitions and lighting systems for public buildings like the Slovak parliament, Bratislava castle, the offices of the Ministry of Culture and the House of Slovak Writers. The collective was based on the principle of strict equality, with each member having his own specialism. Its artistic leadership was in the hands of Žačko, while Josef Tomečko was responsible for the practical management of the projects and the actual execution of the works fell to Artz.

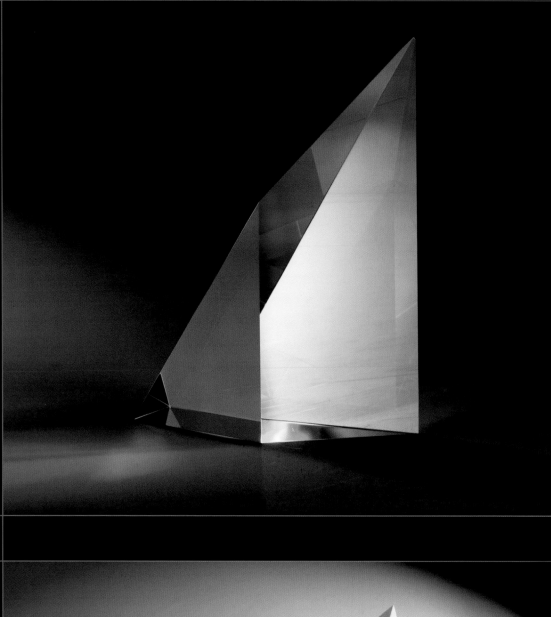

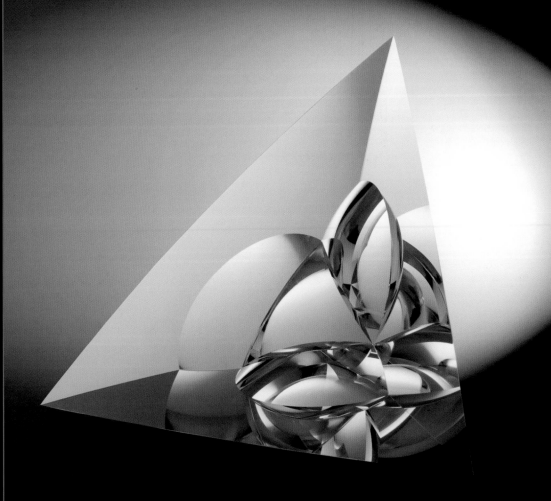

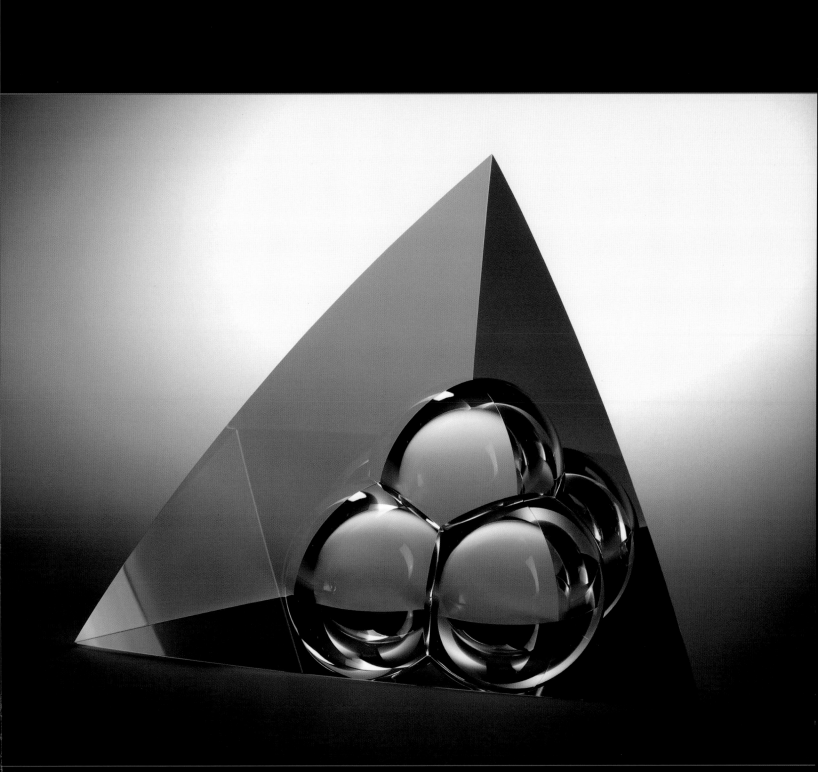

systemen, bedoeld voor openbare gebouwen als het Slowaakse parlement, de burcht van Bratislava, het gebouw van het Ministerie voor Cultuur en het Schrijvershuis. Hun samenwerkingsverband was gebaseerd op strikte gelijkwaardigheid waarin ieder zijn eigen specialisatie kende. De artistieke leiding was in handen van Žačko, Josef Tomečko was verantwoordelijk voor de uitvoering en de feitelijke realisatie van de werken lag bij Artz. Daarnaast werkten de drie kunstenaars ook aan individuele objecten. Een mijlpaal in de ontwikkeling van de groep was de over-gang in 1979 van Žačko naar de kunstacademie waar hij de vrijgekomen positie van Cígler innam.

In de loop van de jaren tachtig scheidden de wegen van de kunstenaars zich. Artz gaat door met het realiseren van opdrachten en zal pas in de jaren negentig geleidelijk aan ook eigen ontwerpen in glas gaan maken. Hoewel hij te kampen had met een fragiele gezondheid, was Artz adviseur en vriend van een hele generatie glaskunstenaars die onder Cígler en zijn opvolger Žačko aan de academie in Bratislava studeerden. Intussen bleef hij nauw samenwerken met Josef Tomečko en steunde hij vele jongere kunstenaars als Miloš Balgavý, Pavol Hlôška en Juraj Opršal. Ondanks het feit dat Artz zich steeds meer terugtrok in zijn atelier om zo aan het rumoer van de buitenwereld te ontsnappen, bleef hij open-staan voor andere kunstenaars. Door zijn romantische kijk, zijn gevoelige karakter en grote vakmanschap is hij voor velen van hen een raadsman geworden.

## Zijn werk
Toen Lubomír Artz als expert in het slijpen van glas in 1973 naar Slowakije terugkeerde, kwam hij in een artistiek milieu terecht waar de invloed van Cígler goed voelbaar was. Aan de kunstacademie in Bratislava werd de naam van Cígler vol ontzag uitgesproken en de studenten bewonderden zijn verlichte manier van lesgeven. De academie kende een grote mate van openheid, waarin plaats was voor verschillen in persoonlijkheid en interdisciplinaire creativiteit. Artz raakte gefascineerd door deze nieuwe benaderingswijze van Cígler en de enthousiaste en pure houding van zijn studenten. Lubomír Artz zegt hierover dat hij, ondanks het feit dat hij

In addition, all three artists worked on personal projects. A milestone in the group's development was Žačko's trans-fer in 1979 to the academy, where he took over the post vacated by Cígler.

In the course of the 1980s, the artists began to drift apart. Artz continued to execute other people's projects and it was only in the '90s that he gradually began to produce his own designs in glass. Although plagued by poor health, he was a friend and mentor to a whole generation of glass artists who studied at the Bratislava academy under Cígler and his successor Žačko. Meanwhile, he continued his close collaboration with Josef Tomečko and provided support for many younger artists, including Miloš Balgavý, Pavol Hlôška and Juraj Opršal. Despite his increasingly hermit-like with-drawal into his studio, he remained open to other artists and his romantic view of the world, sensitivity and supreme craftsmanship made him a mentor to many.

## Work
When Lubomír Artz returned to Slovakia in 1973 as a glass-cutting specialist, he found himself in an artistic environment in which the influence of Cígler was tangible. At the acade-my in Bratislava, Cígler was spoken of with awe and the students admired his enlightened approach to teaching. The atmosphere at the academy was extremely open, with room for differences in personality and scope for interdisci-plinary creativity. Artz was fascinated by the new approach that Cígler had introduced and by the enthusiasm and pur-ism of his students. By his own account, even though he was only an onlooker (not being a student at the academy), it was this experience that led him to abandon the romanti-cism of the Czech school and strike out in the direction of geometrical optical glass.

Lubomír Artz's work is characterised by the mathemat-ical exactness of his creative approach and the precision of his cutting. Like Tomečko, he makes small architectural objects in which the basic elements are Plato's various polyhedrons. Initially, his work consisted of cones incised with concave grooves. The origin of these lies in the fluting cut into the glass sculptures of his former instructor, Novak.

slechts een passant was (hij was immers geen student aan de Slowaakse kunstacademie), door deze kennismaking toch de romantische uitgangspunten van de Tsjechische school heeft verlaten om op de weg van het geometrisch optische glas verder te gaan.

Het werk van Lubomír Artz wordt gekenmerkt door een exacte manier van creatief denken en de precisie van het slijpwerk. Evenals Tomečko maakt hij kleine architectonische objecten waarvan de basiselementen de verschillend gevormde polyeders (veelvlakken) van Plato zijn. Aanvankelijk bestaat zijn werk uit op zichzelf staande pylonen met concave uitslijpingen. De oorsprong hiervan mogen wij in de geslepen cannelures van de glasplastieken van zijn vroegere leermeester Novak zoeken. Het bovendeel van de pylonen is meestal schuin afgesneden, hetgeen het spectrale spel binnen de compositie versterkt. In zijn verdere ontwikkeling componeert Artz slanke polyeders in twee- en viervoud, waardoor het innerlijke spel van ronde uitslijpingen wordt verveelvoudigd. De optische werking wordt vaak nog versterkt door een gekleurde onderlaag. Deze objecten zijn door hun doordachte lichtspel zeer indrukwekkend en mede om die reden geliefd bij verzamelaars. Technisch gezien vermijdt Artz het zogenoemde syndroom van afgeronde kanten: door mateloos geduldig slijpwerk en minutieus polijsten, weet hij zijn objecten briljant scherpe hoeken te geven. Het geheim van zijn glaskunst ligt overigens niet alleen in zijn grote vakmanschap, maar vooral ook in zijn gave om haast eindeloos lang, zonder enig zichtbaar resultaat door te gaan. Het werk van Lubomír Artz kent dan ook een graad van perfectie die in de Slowaakse glaskunst van dit moment ongeëvenaard is.

In de jaren tachtig en negentig ontstaan glasplastieken in de vorm van stereometrische lichamen die meestal driehoekig van vorm zijn en gebogen kanten hebben. Eerst wordt een optisch geheel van concave drie- en vieruitslijpingen bereikt, later creëert hij een spectraal spel dat door de weerspiegeling van de eerst verwijderde en later opnieuw verlijmde toplaag ontstaat. Tegelijkertijd werkt Artz aan poëtische glasobjecten, piramiden en onvoltooide schijven waarbij hij gebruik maakt van de trans-

The top of these early cones is usually sliced off at an angle, enhancing the spectral interplay within the composition. In his later works, Artz made compositions of slim polyhedrons doubled or quadrupled to multiply the internal interplay of rounded grooves. The optical effects are frequently further enhanced by a coloured substratum. The carefully considered play of light in these objects is extremely impressive and is one of the reasons why they are sought after by collectors. Technically, they are of irreproachable quality, with brilliantly sharp edges produced by infinitely patient cutting and meticulous polishing. For the rest, the secret of his art lies not only in Artz's supreme craftsmanship, but more particularly in his ability to carry on refining his work almost endlessly. The work of Lubomír Artz displays a degree of perfection unequalled by that of any other glass artist currently working in Slovakia.

In the 1980s and '90s, he produced glass sculptures in the form of stereometric bodies, usually triangular in form and with bowed sides. The first step was to achieve an optical complex of concave triple and quadruple cuts, after which he created a spectral interplay resulting from the reflection of the top layer, which was first removed and later glued back into place. At the same time, Artz was working on poetic glass objects, pyramids and incomplete discs which exploited the transparency of coloured optical glass. He cut and glued the glass in such a way that the mix of colours produced a subtle interplay of shadows.

In the second half of the 1990s, Artz created figure-like objects for a commercial television station. This inspired him to create optical glass sculptures with long, concave grooves vaguely reminiscent of long, wavy hair. These to some extent betray the romanticism that so informed the work of his early Czech period. His oeuvre also includes small objects such as dishes and ashtrays in the form of breaking waves. Their absolute purity and the brilliance of the cutting make these domestic wares real objets d'art.

parantie van gekleurd optisch glas. Deze slijpt en verlijmt
hij op een zodanige manier dat er door kleurmenging een
geraffineerd spel van schaduwen ontstaat.

In het tweede helft van de jaren negentig realiseert Artz
figuurachtige objecten voor een commercieel televisiestation.
Dit heeft hem geïnspireerd tot het maken van plastieken
van optisch glas met lange concave uitslijpingen die vaag
aan lang golvend haar doen denken. Hiermee verraadt hij
enigszins zijn romantische inslag die zo karakteristiek was
voor zijn vroege werk uit de Tsjechische periode. Een deel
van zijn oeuvre bestaat uit kleinere objecten als schalen
of asbakken in de vorm van golfcascades. Hun absolute
puurheid en briljante slijping maken deze gebruiksvoorwerpen tot ware kunstobjecten.

## Prijzen/Awards

**1980** Tweede plaats competitie
glazen herinnering Olympische
Spelen Moskou/Second place
in competition for glass souvenir
of Moscow Olympics; Eerste plaats
competitie/First place in competition
for the Tree of Life Prize
**1981** Derde plaats/Third place
Czechoslovak ŠVOČ (wedstrijd voor
studenten/competition for students)
**1982** Eerste plaats/First place
Czechoslovak ŠVOČ (wedstrijd voor
studenten/competition for students)
**1984** Eerste plaats/First place
Czechoslovak ŠVOČ (wedstrijd voor
studenten/competition for students);
Rector VŠVU prize

## Solotentoonstellingen/
## Solo exhibitions

**1987** Galéria Jána Koniarka, Trnava
**1988** Agricultural Museum
(Zemědělské muzeum),
Lednice na Moravě
**1989** SFVU Gallery (Galéria
Slovenského Fondu Výtvarných
Umení), Bratislava
**1990** House of Slovak Culture (Dom
slovenskej kultúry), Praag/Praha;
Galéria M.A.Bazovského, Trenčín
**1991** Galéria ARPEX, Bratislava
**1997** Oravská galéria, Dolný Kubín;
Slovak National Gallery (Slovenská
národná galéria -Vermesova vila),
Dunajská Streda
**1998** L'Éclat du Verre Galerie,
Parijs/Paris
**1999** Galéria mesta Bratislavy,
Bratislava; Galerie Rob van den
Doel, Den Haag/The Hague
2000 Galerie ARTRA, Nieuw-
Vennep
**2001** Galerie Groll, Naarden
**2002** Glass Gallery DIVYD (Sklárka
galéria DIVYD- Hummelovo
múzeum), Bratislava
**2003** Studio A/D/A, Trnava
**2004** Galéria NOVA, Bratislava

## Ruimtelijk werk/
## Works in architecture

**1989** Gezondheidscentrum/Health
Centre, Bohunice
**1992** Dom smútku (The Hall
of Grief), Gemerský Jablonec
**1993** Hotel Lev, Levice
**2001** Kostol Dvoch sŕdc
(The Church of Two Hearts),
Liptovské Sliače

## Werken in/
## Works displayed at

Museum Jan van der Togt,
Amstelveen; Moravská galerie,
Brno; Slovenská národná galéria,
Bratislava; Oravská galéria, Dolný
Kubín; Glass museum, Ebeltoft;
Museé des Arts Décoratifs,
Lausanne; Uměleckoprůmyslové
muzeum, Praag/Prague; Nationale
Nederlanden, Rotterdam; Galéria
Jána Koniarka, Trnava; Galéria
M.A.Bazovského, Trenčín; Muzeum
IGS, Zámek Lemberk

# Miloš Balgavý

**1955, Bratislava, Tsjecho-Slowakije/Czechoslovakia**

**1970-1974** SŠUP (Middelbare kunstnijverheidsschool, afdeling keramiek/
Seconday School for Applied Arts, ceramics department), Bratislava
**1978-1984** Kunstacademie, afdeling glas in architectuur/
Academy of Fine Arts, Glass Design Department, Bratislava

*Point*, 2003, optisch glas/optical glass, d. 20 cm

*Moon*, 2000, optisch glas/optical glass, h. 12 cm

*Sun Collector*, 2002, optisch glas met zonlicht absorberende folie/optical glass with sunlight absorbing foil, h. 7.5 cm

*The Way of the Gods/Philosophical*, 1998, rood gekleurd helder en gematteerd optisch glas/red clear and matted optical glass, d. 20 cm

*Thorn/Thorns*, 1994, optisch glas/optical glass, h. 23, 24 & 25 cm

*Flower I*, 2000, optisch glas/optical glass, d. 37 & 20 cm

*Touches*, 1998, optisch glas/optical glass, d. 37 cm

*The Way of Life*, 1996, optisch glas/optical glass, h. 16 & 8 cm

*The Village*, 1989, optisch glas/optical glass, h. 12 cm

presse-papier met leren hoes/paperweight with leather case, 1989, optisch glas/optical glass, h. 12 cm

*Universe*, 1992, optisch glas/optical glass, h. 18.5 cm

*Sphere*, 1999, optisch glas/optical glass, d. 30 cm

*Sphere*, 2002, optisch glas/optical glass, d. 30 cm

*Sunrise*, 1993, glas/glass, h. 30 cm

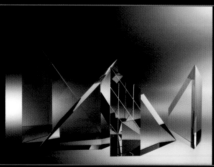

*The Twilight of the Gods*, 1993, goud topaas- en goud robijnkleurig glas/gold topaz and gold ruby glass, h. 30 cm

*The Village*, 1989, optisch glas/optical glass, h. 12.5 & 17.5 cm

*The Stalks*, 1998, optisch glas/optical glass, h. 23 & 24 cm

*Disclosure*, 1998, optisch glas/optical glass, h. 30 & 34 cm

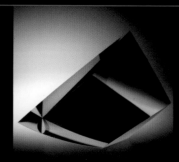
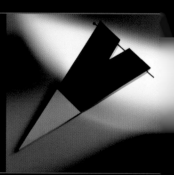

*The Stalk*, 1995, optisch glas/optical glass

*The Stalks of Dreams*, 1995, optisch glas/optical glass

*Cesta*, 1991, optisch glas/optical glass, h. 16 cm

*Stalk*, 1993, gepolijst en verzaagd optisch glas/polished and cut optical glass, h. 24 cm

sieraad/jewellery, geslepen glas met metalen pen/cut glass with metal pin

## Van keramiek naar glas

Miloš Balgavý werd in Bratislava geboren, als zoon van de keramisch kunstenaar Miloš Balgavý sr. en fotografe Magdaléna Balgavá. Beide ouders behoorden vlak na de Tweede Wereldoorlog tot de eerste groep studenten aan de Middelbare school voor Toegepaste Kunsten in Bratislava. Magdaléna kwam uit Budapest waar zij uit een familie van kunstrestaurateurs stamde. Miloš sr. was afkomstig uit Záhorie, een plaats die bekend stond om zijn keramiektraditie. In eerste instantie trad Miloš jr. in de voetsporen van zijn vader door in 1970 eveneens keramiek te gaan studeren aan dezelfde Middelbare school voor Toegepaste Kunsten. Als kind al was hij diep onder de indruk van de glanzende oppervlakten van keramische objecten. Gaandeweg zijn opleiding echter ontstond het verlangen zijn krachten te meten met een zo helder mogelijk materiaal, wat hem uiteindelijk deed besluiten van de relatief gemakkelijk te vormen klei over te stappen op het weerbarstige glas. Vandaar dat hij, toen hij in 1974 zijn keramische opleiding had afgerond, een poging deed toegelaten te worden tot de kunstacademie in Bratislava. Dit was echter heel moeilijk voor kinderen uit een gezin dat niet de juiste politieke kleur had. Toch lukte het hem uiteindelijk om in 1978, na een periode van vier jaar wachten, tot de academie te worden toegelaten.

Jammer genoeg viel zijn komst nagenoeg samen met het vertrek van de charismatische, bij de studenten geliefde en gerespecteerde leraar Václav Cígler. Vandaar dat Cígler slechts een beperkte invloed op Balgavý heeft gehad, zij het dat hij in zijn latere zoektocht naar de essentie van het pure door het gedachtegoed van Cígler werd geïnspireerd. Van zijn derde tot en met zesde studiejaar zette Balgavý zijn opleiding voort onder leiding van Askold Žačko, de opvolger van Cígler.

Žačko, die zelf een leerling van Cígler was geweest, borduurde aanvankelijk voort op diens onderwijssysteem, maar voerde geleidelijk aan ook een aantal veranderingen door. Dit kwam enerzijds omdat aan de inmiddels tot *Glasontwerp* herdoopte afdeling *Glas in architectuur* andere eisen werden gesteld die meer de richting uitgingen van het industriële ontwerpen. Anderzijds speelde zich bij Žačko zelf een veranderingsproces af dat er toe leidde dat hij zich tot een artistiek

## From ceramics to glass

Miloš Balgavý was born in Bratislava. His parents were the ceramic artist Miloš Balgavý sr. and photographer Magdaléna Balgavá, both of whom had been among the first cohort of students to enter the Bratislava Secondary School for Applied Arts immediately after the Second World War. Magdaléna came from a family of art restorers in Budapest. Miloš sr. was a native of Záhorie, a place well-known for its traditional ceramics industry. In 1970, Miloš jr. followed in his father's footsteps by enrolling at the same Secondary School for Applied Arts to study ceramics. Even as a child, he had been deeply impressed by the gleaming surfaces of ceramic objects. In the course of his training, however, he began to feel the urge to get to grips with the most transparent of all materials and this eventually led him to decide to change from the relatively easily shaped clay to the more recalcitrant glass. Accordingly, when he had completed his ceramics training in 1974, he sought admission to the Academy of Fine Arts in Bratislava. This was extremely hard for children of families without the right political credentials but in 1978, after a wait of four years, he finally succeeded.

Unfortunately, his arrival virtually coincided with the departure of the charismatic, popular and respected teacher Václav Cígler. As a result, Balgavý did not come greatly under Cígler's influence, although he was to find inspiration in Cígler's philosophy in his later quest for the essence of purity. In the third to the sixth year of his training, Balgavý studied under Cígler's successor, Askold Žačko.

Žačko had himself studied under Cígler and initially built on his system of teaching. Gradually, however, he began to introduce changes. These were prompted by two considerations. Firstly, the department (now known as the *Glass Design* rather than *Glass in Architecture* Department) was facing new demands which toch were taking it more in the direction of industrial design. Secondly, Žačko was himself developing a stronger and more distinctive artistic personality. His feel for colours derived from painting and his replacement of geometrical shapes by

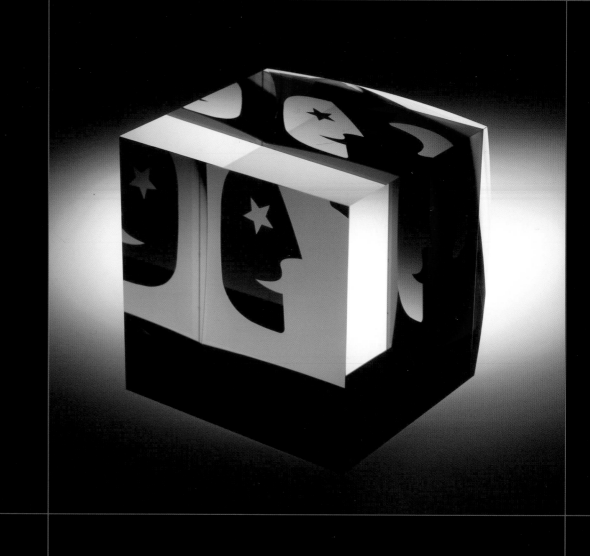
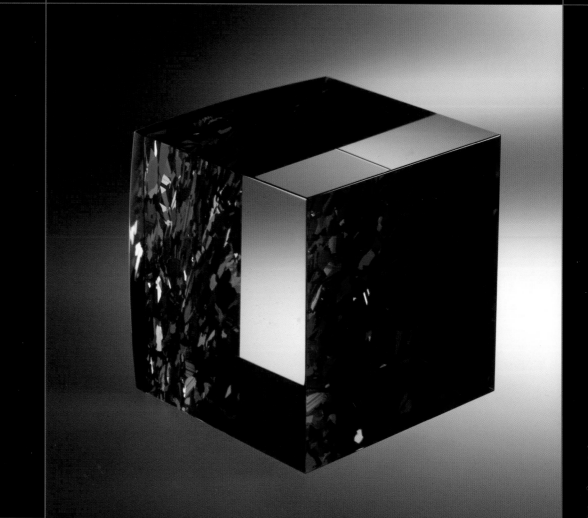

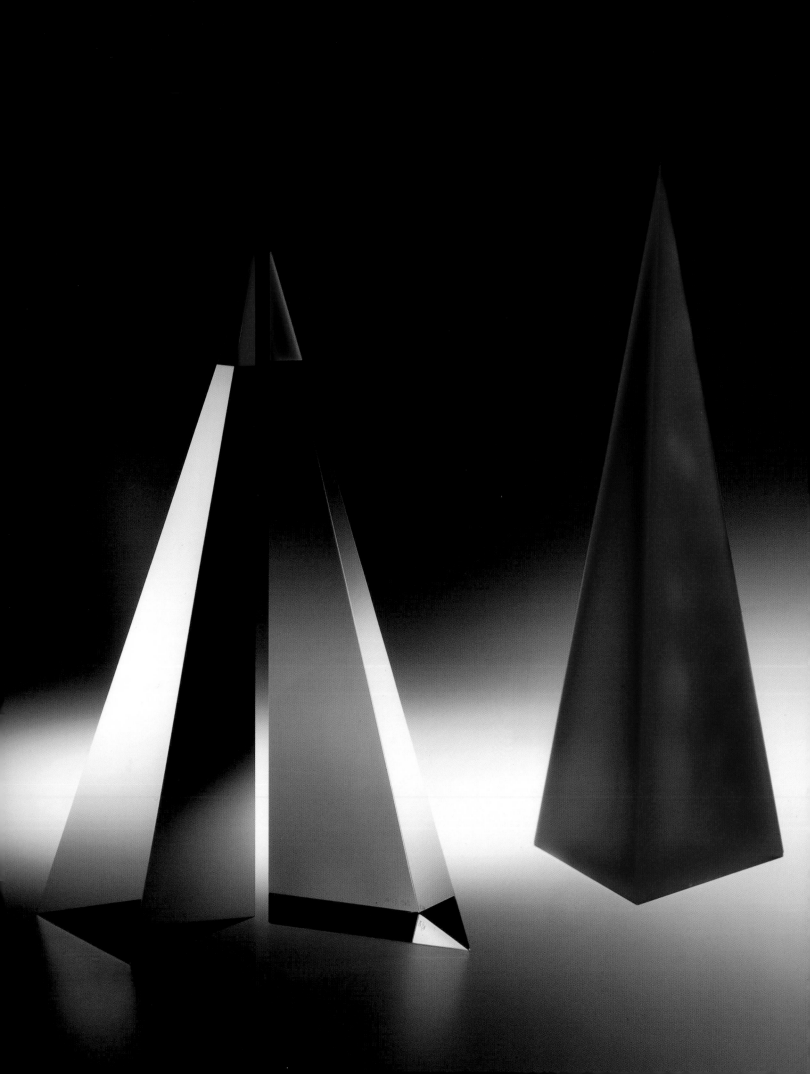

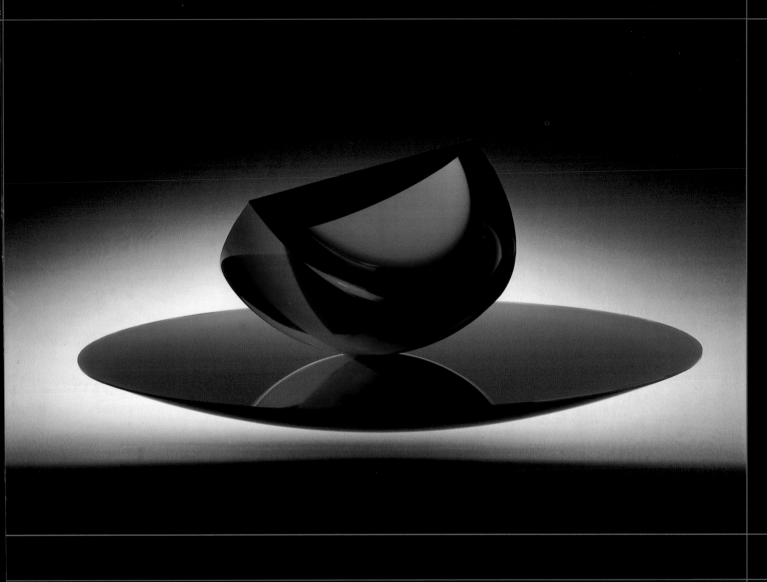

markante persoonlijkheid ontwikkelde die een eigen weg insloeg. Zo hebben zijn gevoel voor van de schilderkunst afgeleide kleuren en het vervangen van geometrische vormen door een meer figuratieve vormentaal een dramatischer element in de ontwikkeling van Slowaaks glas gebracht. In feite legde Žačko met zijn nieuwe glaskunst de basis voor het Slowaakse postmodernisme.

## Een opvallende student

Tijdens zijn studie aan de kunstacademie heeft Balgavý echter nog de door Cígler uitgestippelde weg gevolgd. De eerste twee jaar waren gewijd aan algemene disciplines als tekenen, figuurstudie, portret en studiemodellen in de natuur. Om bij de studenten een allround kennis aan te kweken, werden zij in de geest van de klassieke beeldhouwschool opgeleid. Ruimtelijke studies werden in gips en klei gerealiseerd. De ontwerpen van gebruiksvoorwerpen als bekers, flessen, drinksets, schalen en vazen werden eveneens in gips uitgevoerd. Dankzij de nauwe banden die de kunstacademie met Tsjechische en Slowaakse glasfabrieken onderhield, konden sommige ontwerpen ook werkelijk in glas worden gerealiseerd. De studenten ontwierpen glazen deelwanden, glasschermen, glasblokken en elementen van tafelglas in relatie tot de architectuur. Hierbij maakten zij gebruik van technieken als het matteren en metalliseren van glas, etsen en beschilderen.

Afgezien van glasobjecten, ontwierpen de studenten ook sieraden, waarbij technieken en materialen uit de architectuur werden toegepast. Zij experimenteerden met helder glas, maar ook met doorzichtig en ondoorzichtig gekleurd glas alsmede metaal. Balgavý viel op door zijn sieraden met gemetalliseerde structuren, die oplichten wanneer zij met de huid in aanraking komen, en door zijn sieraden van verlijmd, ondoorzichtig gekleurd glas. Een ander studieterrein waren verlichtingselementen in de architectuur, voor zowel openbare ruimten als privé-vertrekken. Uit zijn studietijd dateert de tot in de kleinste details uitgewerkte collectie witte en zwarte tafellampen.

Al tijdens zijn academiejaren onderscheidde Balgavý zich door zijn vaak onorthodoxe en innovatieve oplossingen die menig medestudent inspireerden. Zijn werk kon de vergelij-

a more figurative approach introduced a more dramatic element into the development of Slovak glass. In fact, Žačko's new approach laid the foundation for Slovak post-modernism.

## An outstanding student

Even so, Balgavý's training at the Academy of Fine Arts followed the path mapped out by Cígler. The first two years were devoted to general disciplines like drawing, life classes, portraiture and studies from nature. To give students an all-round artistic education, they studied sculpture in the traditional academic way, producing three-dimensional studies in plaster and clay. Designs for utilitarian objects like beakers, bottles, drinks sets, dishes and vases were also executed in plaster. Thanks to the close ties between the academy and Czech and Slovak glassworks, some of their designs could actually be produced in glass. Using techniques like matting, metallising, etching and painting, the students designed glass partitions, screens, blocks and tableware for use in architectural settings.

Apart from glass objects, the students also designed jewellery, using techniques and materials borrowed from the architectural sphere. They experimented with clear and opaque coloured glass and also with metal. Balgavý attracted attention with his jewellery, some of which featured metallised structures that light up in contact with the skin, and others constructed of pieces of opaque coloured glass glued together. Lighting fixtures for use in both public buildings and private homes were another area of study. Balgavý's meticulously detailed collection of white and black table lamps dates from this period.

Even during his time at the academy, Balgavý was conspicuous for his often unorthodox and innovative solutions, which inspired many fellow-students. His work was well able to compete with that being produced at the Prague academy and won several prizes.

## The 1980s and '90s

Despite the emergence of postmodernism in the 1980s and '90s, Balgavý continued to apply what Cígler called 'three-

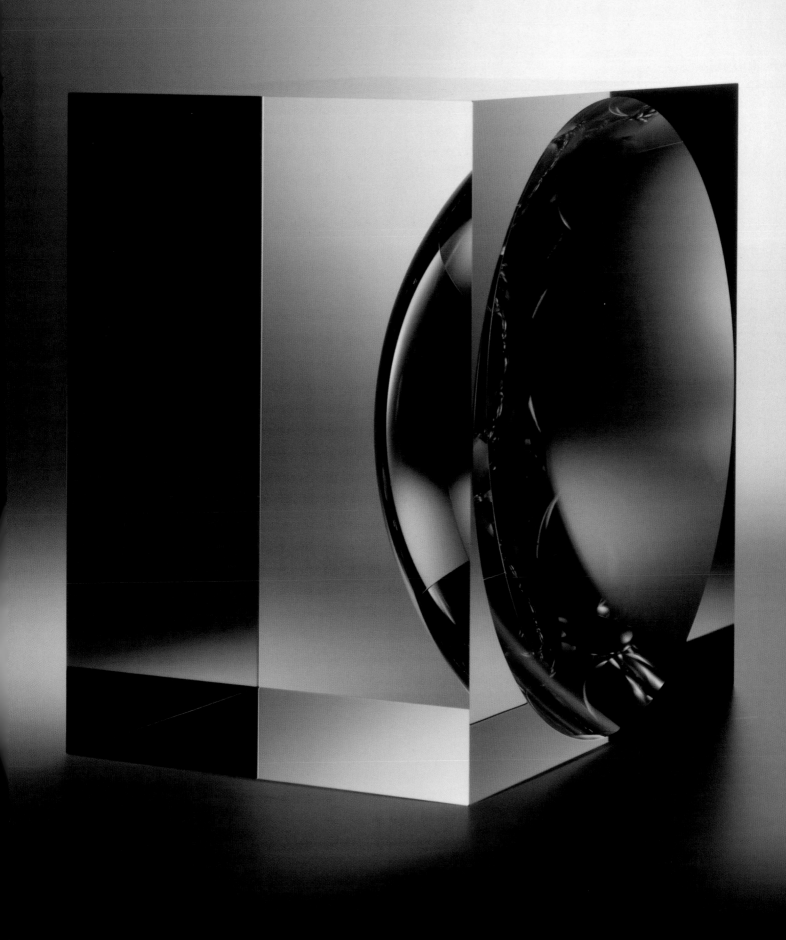

king met de resultaten van de Praagse kunstacademie glans-
rijk doorstaan en werd met verschillende prijzen bekroond.

## De jaren tachtig en negentig

Ondanks de opkomst van het postmodernisme in de jaren
tachtig en negentig bleef Balgavý de (om Cígler te citeren)
'driedimensionale stilte' toepassen. Vastberaden zette hij zijn
zoektocht naar het pure en de essentie voort. Zijn werk
bevindt zich daardoor tussen dat van Cígler en het oeuvre
van zijn vader. Terwijl Cígler de ruimte bepaalde door het oor
naar het ritme van de hemel te richten, oriënteerde zijn vader
zich op het ritme van de aarde. Het gevoel dat Balgavý vanaf
zijn vroegste jeugd voor kleur en vorm heeft ontwikkeld en
het conceptuele denken van Cígler vormen de inspiratiebronnen van zijn werk. Steeds voelt hij zich aangetrokken tot de
harmonie tussen de heldere gedachte en de puurheid van
de materie glas. Vandaar dat Balgavý alleen met helder en
gekleurd optisch glas van de hoogste kwaliteit werkt.

Ondoorzichtig gekleurd glas paste Balgavý voor het
eerst in Slowakije toe. De resultaten hiervan waren te zien op
zijn solotentoonstelling die in 1990 in het Praagse Huis van de
Slowaakse cultuur plaatsvond. Volgens Alena Ádlerová, conservator van de glasverzameling van het Museum voor Toegepaste Kunsten in Praag, voldoen zijn gekleurde schalen *'aan
hun oorspronkelijke functie (...) ondanks het feit dat zij deze
tegelijkertijd negeren'*. Wat haar verder aan zijn werk opviel,
was de grote mate van perfectie, zeker wanneer deze werd
gerelateerd aan zijn nog jonge leeftijd. De aandacht van Václav
Cígler werd op deze tentoonstelling getrokken door het glasobject *Súmrak bohov* uit 1989, waarin hij de toekomstige creatieve richting van de jonge kunstenaar meende te ontwaren.
Aan de basis van dit object, dat zich tegenwoordig in de collectie Jonker-Zaremba bevindt, liggen zijn sieraden uit de
*Memphis* collectie van 1987. *Súmrak bohov* is een reactie op
indrukken uit de natuur, iets dat ook geldt voor glasobjecten
als *Zem a Pevnina* (1988), *Východ slnka* en *Západ slnka*. In
*Súmrak bohov* openbaren zich de typische kenmerken van
zijn ontwerpen: absolute basisvormen die (zoals hij zelf zegt)
bevrijd worden door een subtiele afwijking. De afwerking is
van een hoge kwaliteit, een donker spiegelvlak leidt de toe-

dimensional stillness', doggedly pursuing his quest for the
pure and essential. Consequently, his work lies somewhere
between that of Cígler and the oeuvre of his own father.
While Cígler ordered space by listening to the rhythm of
the cosmos, his father bent his ear to that of the earth.
The inspiration for Balgavý's work comes both from the
feeling for colour and form that he developed right from
childhood and from the conceptual approach propagated
by Cígler. Balgavý feels constantly drawn to the harmony
between clarity of thought and the purity of glass as
a material. This is why he uses only clear and coloured
optical glass of the highest quality.

Balgavý was the first glass artist in Slovakia to use
opaque coloured glass. The results were shown at his
1990 solo exhibition in the Prague House of Slovak Culture.
According to Alena Ádlerová, curator of the glass collection
at the Museum of Decorative Arts in Prague, his coloured
dishes fulfil *'their original function (...) despite the fact that
they simultaneously ignore it'*. What also struck her about
his work was its extreme perfection, particularly in the light
of his relative youth. Visiting this exhibition, Václav Cígler's
attention was caught by a 1989 glass object entitled
*Súmrak bohov*, which he thought pointed the way for
the future creative development of the young artist. This
object is now in the Jonker-Zaremba collection. It is based
on the jewellery that Balgavý had designed for the 1987
*Memphis* collection and, like other glass objects such
as *Zem a Pevnina* (1988), *Východ slnka* and *Západ slnka*,
it is a response to impressions from nature. It is also
typical of Balgavý's designs in that it employs absolutely
basic forms liberated (as he himself puts it) by a subtle
anomaly. The forms are highly finished and a dark mirrored
surface leads the viewer to the area 'between himself and
infinity'.

In the 1990s, Balgavý embarked on an exploration
of the relationship between dark and light colours in
double objects and that between shiny and matte surfaces
in identically coloured objects in duplicate and triplicate.
Shine, inner reflections and spectral interplay are the
decisive features of his optical glass objects entitled *Stébla*

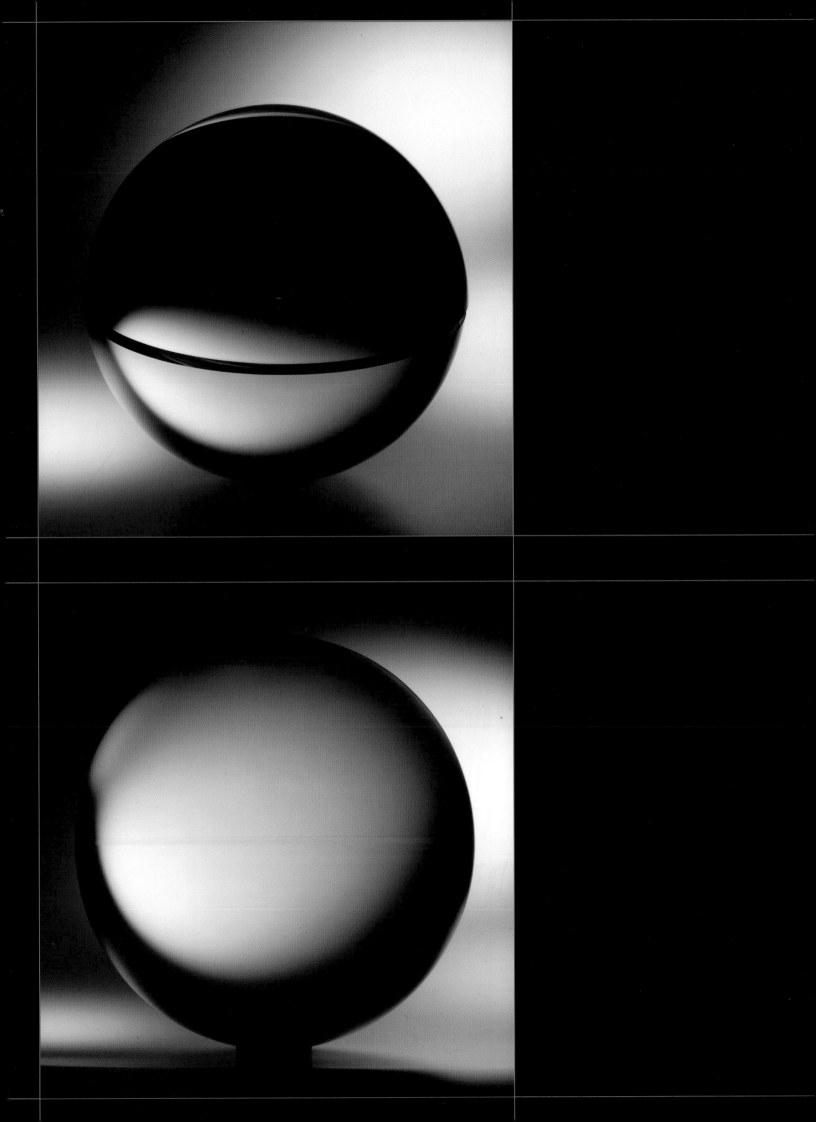

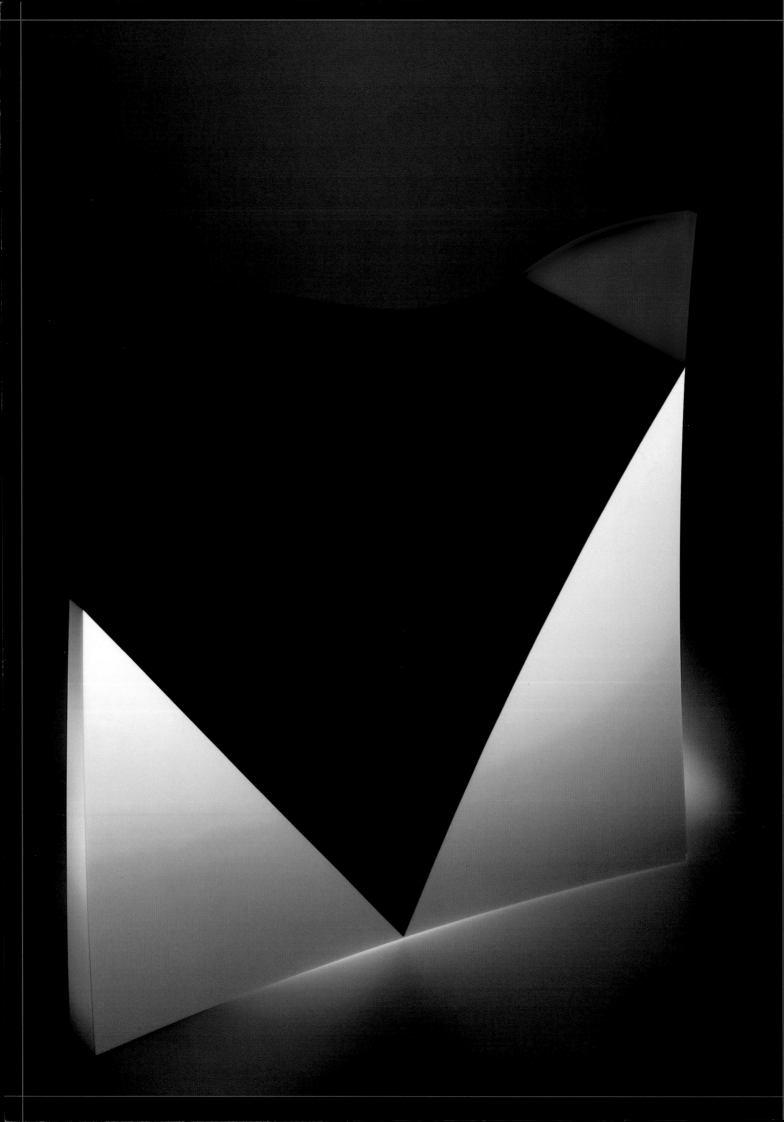

schouwer naar het gebied 'tussen hem en de oneindigheid'. Vanaf de jaren negentig zoekt Balgavý naar de relatie tussen donkere en lichte kleuren in dubbele objecten en naar de verhouding glans-mat in identiek gekleurde twee- en drievoudige objecten. Glans, innerlijke spiegeling en spectraal spel zijn de bepalende elementen in de optische glasobjecten *Stébla snů II* en *Stébla snů IV* uit 1995, eveneens in de collectie Jonker-Zaremba.

De resultaten van deze zoektocht waren te zien op zijn solotentoonstelling *Svietlo fareb* die in 1997 in het Slowaakse Nationale Museum werd gehouden. Ter gelegenheid hiervan liet Václav Cígler zich als volgt over Balgavý uit:

*'Glas is een materie die bewijzen levert. Het is dus mogelijk om er de persoonlijkheid en het karakter van de schepper uit te halen. Dat geldt ook voor Miloš Balgavý. Zijn talent en karakter worden belichaamd door zijn poëtisch getinte werk, maar evenzeer door de objecten waarbij hij koos voor een strikt geometrisch karakter en een duidelijk architectonisch ontwerp met heldere en gekleurde oppervlakten. Deze worden geprononceerd door de werking van het licht die ze nog*

*verder verzelfstandigt. Deze esthetisch pure en sierlijke manifestatie is niet een doel in zichzelf, maar is doordrenkt van de innerlijke gevoelens en ideeën die de kunstenaar uitdraagt'.* Balgavý houdt van de kleur van glas waarvan hij op dichterlijke wijze gebruik maakt. Een uitgangspunt dat een fundamentele tegenstelling vormt met de filosofie van Václav Cígler die de kleur verhult omdat hij deze slechts als decor beschouwt.

## Recente ontwerpen

Omstreeks 2000 slaat Balgavý de weg in naar de absolute, universele en gesloten vorm van de sferische bol. De verhouding toeschouwer-oneindigheid maakt plaats voor de confrontatie van de toeschouwer met zichzelf. Een tweetal voorbeelden van deze kinetische glasobjecten maakt deel uit van de collectie Jonker-Zaremba. Enige jaren later gaat Balgavý de sferische bol delen en de zo verkregen onderdelen op gekleurde discussen plaatsen. Op deze wijze is zijn tot nu toe meest poëtische serie lotusbloemen ontstaan.

Miloš Balgavý hecht aan perfectie die hij in pure glasvormen tracht te materialiseren. In feite beschouwt hij alle

snů II and *Stébla snů IV*, which date from 1995 and are now also in the Jonker-Zaremba collection.

The results of this exploration were shown in his 1997 solo exhibition *Svietlo fareb*, held at the Slovak National Museum. On that occasion, Václav Cígler spoke of Balgavý as follows:

*'Glass is a material that provides clues. The personality and character of the creator can be deduced from it. This is true in the case of Miloš Balgavý. His talent and character are embodied in his poetically tinted work, but equally in those objects where he opts for a strictly geometrical character and a clearly architectural design involving clear and coloured surfaces. These are made more pronounced by the effects of the light, which render them even more autonomous. This aesthetically pure and elegant manifestation is not an end in itself, but is imbued with the innermost feelings and ideas that the artist seeks to express'.*

Balgavý likes the colour of glass and uses it in a poetic way. This is fundamentally opposed to the philosophy of

Václav Cígler, who conceals colour because he regards it as merely decorative.

## Recent designs

Round about 2000, Balgavý turned to the absolute, universal, closed form of the sphere. The relationship between the viewer and infinity gave way to a confrontation of the viewer with himself. The Jonker-Zaremba collection includes two examples of these kinetic glass objects. A few years on, Balgavý has begun to divide his spheres into sections and to place these on coloured discs to produce his most poetic series of lotus flowers so far.

Miloš Balgavý values perfection and attempts to achieve it in pure glass forms. In fact, he regards all interventions in the essentials of form as superfluous. He is not interested in the decorative function of works of art. What excites him first and foremost is the intellectual stimulus they provide. In his view, glass concentrates all forms of energy. Thanks to its transparency, it is the only

ingrepen in de essentie van de vorm als overbodig. Hij is niet geïnteresseerd in een kunstwerk als decor. Wat hem vooral boeit, is het kunstwerk als impuls.

In zijn optiek komt in glas alle energie samen. Door zijn helderheid is glas het enige materiaal dat de volledige bevrijding van het decoratieve kan bereiken.

Wanneer in 2002 in Lednické Rovné een glassymposium wordt gehouden, geeft Miloš Balgavý het volgende statement over zijn werk af:

'De kern van het scheppen is het oplichten van sluiers, het in staat zijn de uitstraling van het materiaal te begrijpen, het materiaal te openen. Alles begint met licht. Bij glas gaat het om het vangen van het licht met het materiaal. Door de vorm van het object is het ontstaan van een nieuw kleurenbeeld mogelijk. Eigenlijk gaat het om het schilderen met licht. Tijdens dat proces komt de intrigerende kracht van de weerstand van glas en de spanning in het materiaal naar voren. De kunstenaar moet daarmee tijdens het werken een gevecht voeren. Ik ben gefascineerd door de worsteling met de hardheid en de fragiliteit van glas, een worsteling die zich in zijn eigen, kleine microwereld afspeelt. Ik probeer te formuleren waarop ik mijn werk baseer, om dit gelijktijdig ook weer af te wijzen om daardoor ruimte voor het ontstaan van het nieuwe open te houden. Het is geen minimalisme, het is ook geen inspiratie door de natuur, het zijn gestalten, geabstraheerd in geometrische vormen, het zijn kleurstudies binnen de grenzen van het mogelijke. Ik houd van kleur, maar daar beslist het materiaal zelf over. Het is de kunst van het mogelijke, een beproeving door glas. En het is zeker communicatief: mijn taal, mijn vervulling. Het is mijn transformatie in iets dat er na mij nog zal zijn. Het bevat mijn dromen, mijn verlangens, de communicatie met mijzelf, met anderen. Wat mijn werk zelf betreft, ik beweeg mijzelf graag op het scherpst van de snede tussen het mogelijke en het onmogelijke. Ik bied het licht aan dat voor mij de vierde dimensie is. Ik bied de subtiliteit aan, want hoe subtieler de dingen, hoe uitdagender zij overkomen. Met glazen objecten confronteer ik de mens met een afdruk van zichzelf, de mogelijkheid de wereld en zichzelf vanuit een nieuwe optiek te zien. Dat is mijn statement.'

77

material capable of entirely liberating art from its decorative aspect.

In 2002, when a glass symposium was held in Lednické Rovné, Miloš Balgavý delivered the following statement about his work:

'The heart of creation is the raising of veils, the ability to understand the magic of the material, to open up the material. Everything begins with light. In the case of glass, the trick is to use the material to capture light. The form of the object makes it possible to create a new spectrum. It's really a matter of painting with light. In the process, the intriguing power of the resistance of glass and the tension in the material emerges. The artist has to wrestle with this during his work. I am fascinated by this battle with the hardness and fragility of glass, a fight that takes place in its own, tiny micro-world. I try to formulate the basis of my work, in order at the same time to reject it and leave room for something new to emerge. It is not a question of Minimalism, or of drawing inspiration from nature; it is a question of converting forms into abstract geometrical shapes and conducting colour studies within the bounds of the possible. I love colour, but the material decides its own colour. It is the art of the possible, an ordeal by glass. And it is certainly a way of communicating: the way I speak and find fulfilment. It is my way of transforming myself into something that will be there after I have gone. It encompasses my dreams and desires, and the way I communicate with myself and with others. Where the work itself is concerned, I like to negotiate the knife-edge between the possible and the impossible. I offer light, which for me is the fourth dimension. I offer subtlety, because the subtler things are, the more challenging they appear. I produce glass objects in order to confront mankind with an impression of itself, the opportunity to see the world and itself from a new angle. That is my statement.'

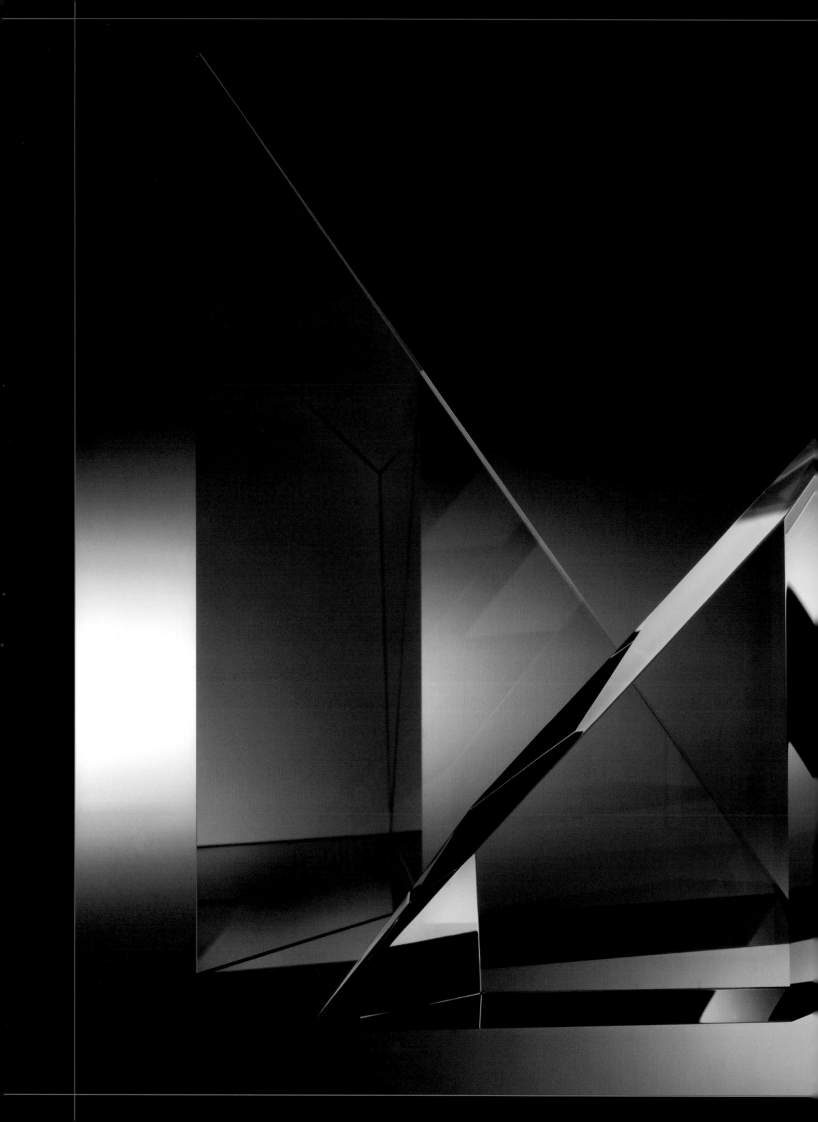

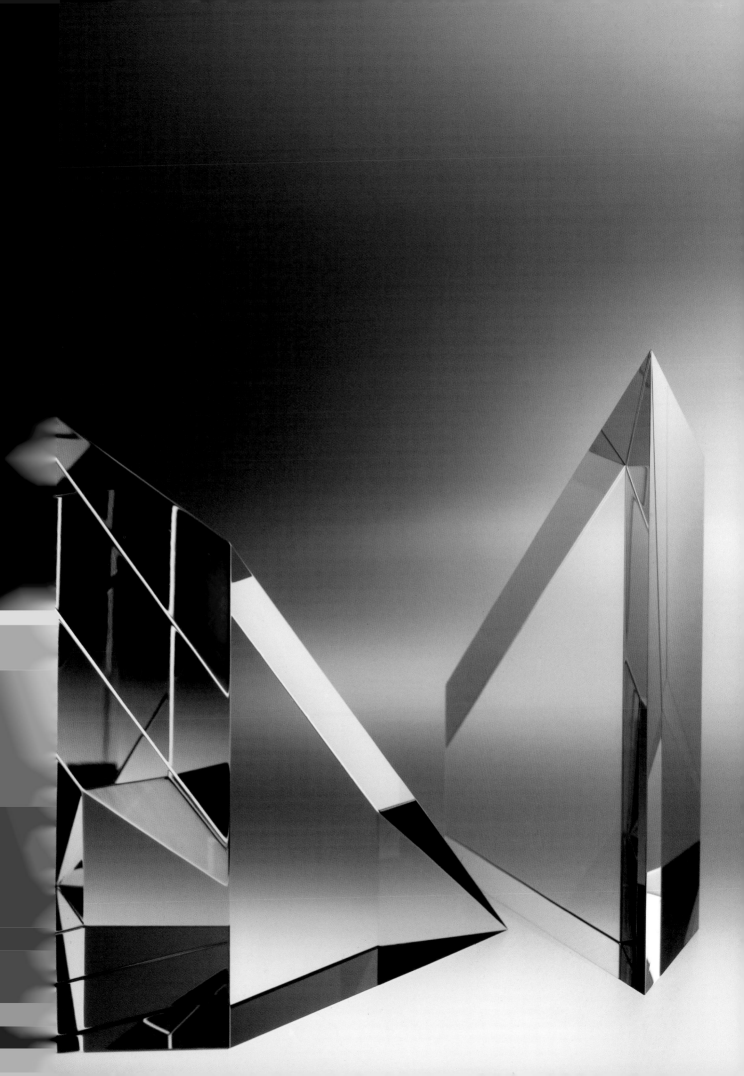

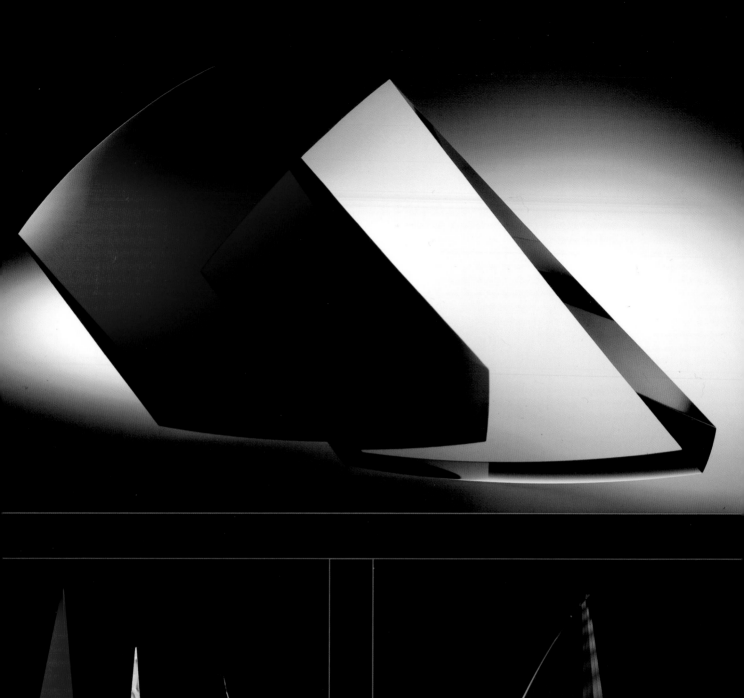
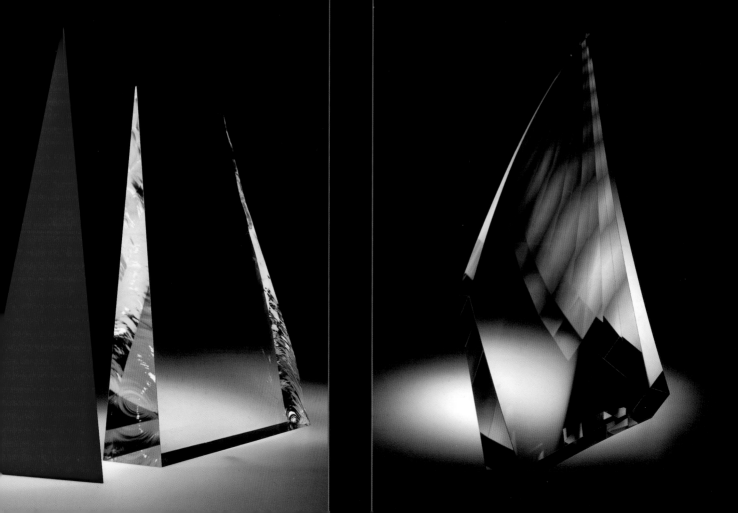

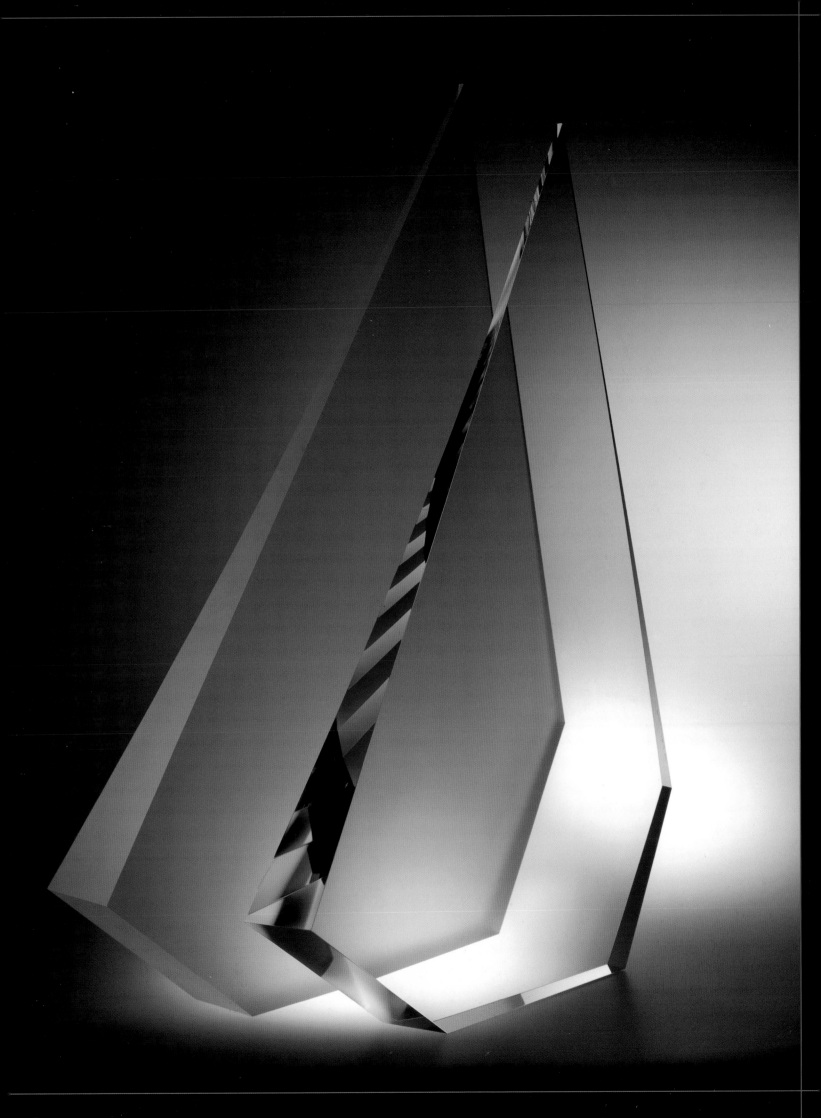

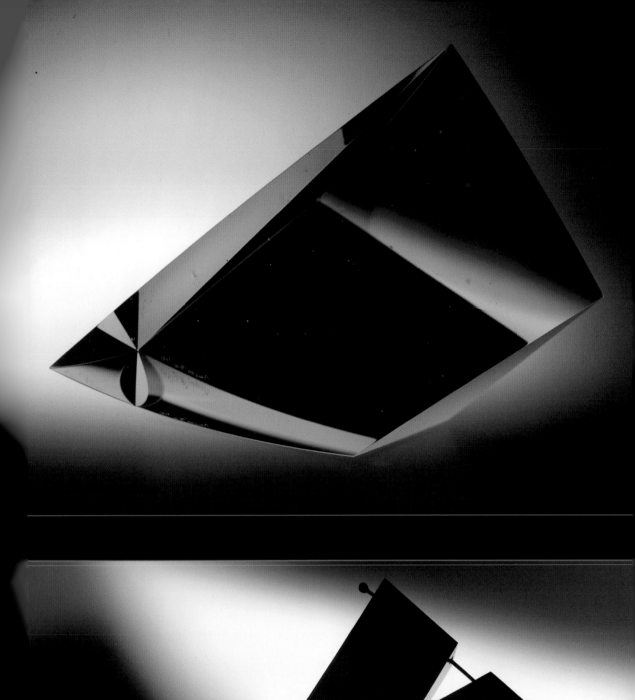

## Ruimtelijk werk/
## Works in architecture

**1983** Comenius University,
Bratislava
**1986** Music Pavilion Dardanely,
Markušovce
**1987** Galéria umelcov Spiša,
Spišská Nová Ves

onze medal,
re Exempla '72,
Olympic
Munich

ngen/

um, Levoča
ov Spiša,

an den Doel,
e
on, Parijs/Paris
banka,

Annecy;
,

Gallery,

Bratislavy
ratislava, SK;
erie, Parijs/Paris;
Vršku, Praag/

Bratislava
re Galerie,

s, Bratislava

at

y; Galerie
re, Biot;
galéria,
galerie, Brno;
evoča;
ijs/Paris;
rre, Parijs/Paris;
muzeum,
nale Nederlan-
sée des Beaux
Umelcov Spiša,

# Eva Fišerová

**1947, Žilina, Czechoslovakia**

**1962-1966** SPŠS (Middelbare glasschool/Secondary School
for Glassmaking), Lednické Rovné
**1967-1973** Kunstacademie, afdeling Glas in architectuur/
Academy of Fine Arts, Glass in Architecture Department, Bratislava

*Sketch*, 1992, uitvoering/execution Tomáš Málek,
donkergroen glas/dark green glass, verzaagd/cut,
gepolijst/polished, h. 20 cm

*Boundary*, 1993, uitvoering/execution Tomáš Málek,
kobaltblauw glas/cobalt blue glass, verzaagd/cut,
gepolijst/polished, h. 29 cm

## Theorie en praktijk

Eva Fišerová werd in het Slowaakse Žilina geboren, maar groeide met haar zes broers en zusters op in Púchov, in een gezin waar creatieve vaardigheden als tekenen, borduren en musiceren volop de kans kregen zich te ontwikkelen. Als kind al was Eva gefascineerd door het gereedschap van haar grootvader die mandenvlechter was.

In 1962 begon Fišerová haar studie aan de Middelbare school voor Glasverwerking in Lednické Rovné. Oorspronkelijk wilde zij gaan studeren aan de Middelbare school voor Toegepaste Kunsten in Bratislava, maar dat ging niet door omdat haar ouders het niet aandurfden haar naar de drukke hoofdstad te sturen. Vandaar dat zij ermee instemde naar Lednické Rovné te gaan, op voorwaarde dat zij daarna haar opleiding zou mogen vervolgen aan de Middelbare school voor Toegepaste Kunst in Železný Brod.

Op de school in Lednické Rovné was het verplicht tweemaal per week praktijklessen te volgen in de plaatselijke glasfabriek Rona. Daar konden de studenten niet alleen de productieprocessen bestuderen, maar vooral ook kennis maken met de nieuw opgerichte afdeling *Kunst en Ontwikkeling*. Zij moesten er onder meer assisteren bij de (nachtelijke) smeltprocessen en alles nauwkeurig documenteren. In deze omgeving werd bij de studenten de liefde voor glas verder aangewakkerd.

De leiding van de afdeling *Kunst en Ontwikkeling* lag in handen van de getalenteerde glasontwerper Karol Hološka (1912-1978), die in de jaren 1934-1943 had gestudeerd aan de Escuela des Bellas Artes in Buenos Aires (Argentinië). Hološka was van 1947 tot 1972 bij Rona werkzaam, waar hij een nieuwe technologie heeft ontwikkeld die bekend staat als 'getrokken voet'. Vanaf 1957 werkte hij samen met de glasontwerper Jaroslav Taraba (1932) die hem na zijn vertrek opvolgde. Taraba, die als glasontwerper nationale en internationale erkenning verwierf, zou tot 1998 aan de fabriek verbonden blijven. De afdeling *Kunst en Ontwikkeling* was goed geoutilleerd en beschikte onder meer over speciale apparatuur voor de zeefdruktechniek en pantografie. Daarnaast werd er nauw samengewerkt met het Staatsinstituut voor glas in Hradec Králové waar men onderzoek deed naar

## Theory and practice

Eva Fišerová was born in the Slovak town of Žilina but grew up with her six brothers and sisters in Púchov. The children were encouraged to develop creative skills like drawing, embroidery and music. As a child, Eva was fascinated by the tools used by her grandfather, who was a basket-maker. In 1962 Fišerová enrolled at the Secondary School for Glassmaking in Lednické Rovné. She had originally wanted to train at the Bratislava Secondary School for Applied Arts, but her parents were reluctant to send her to the busy capital. She agreed to go to Lednické Rovné instead, on condition that she could then go on to the Secondary School for Applied Arts in Železný Brod.

At the school in Lednické Rovné, the students had compulsory twice-weekly practicals in the nearby Rona Crystal glassworks. This gave them a chance not only to learn about the production processes, but also to get acquainted with the company's newly established *Art and Development* Department. They had to help with the (nocturnal) smelting processes and keep careful records of everything they did. The environment encouraged them to develop a love of glass.

The head of the *Art and Development* Department was talented glass designer Karol Hološka (1912-1978), who had trained between 1934 and 1943 at the Escuela des Bellas Artes in Buenos Aires (Argentina). Hološka worked for Rona from 1947 to 1972, and during that period developed a new 'drawn foot' technique. From 1957 onwards he worked together with glass designer Jaroslav Taraba (b. 1932), who became head of department after his departure. Taraba was to remain at the glassworks until 1998, gaining national and international recognition as a glass designer. The *Art and Development* Department was well-equipped, for example with special apparatus for screen-printing and pantography. It cooperated closely with the state Glass Institute in Hradec Králové, where research was conducted on colours, glass smelting and transformation and stabilisation processes. In addition, it liaised closely with Liberec University of Technology and with other schools of glassmaking.

kleuren, glasversmelting en transformatie- en stabilisatie-processen. Bovendien werden er intensieve contacten onderhouden met de Technische Universiteit in Liberec en met andere glasscholen.

In de jaren zestig kende Midden-Slowakije naast Rona meerdere succesvolle glasfabrieken als Katarínská Huta, Poltár, Utekač en Zlatno. Vooral bij deze laatste fabriek kwamen bijzonder interessante ontwerpen tot stand onder invloed van Lubomír Blecha (1933) die bij Josef Kaplický had gestudeerd.

In 1966 voltooide Eva Fišerová haar opleiding in Lednické Rovné. Wanneer zij nu terugkijkt op deze periode komt zij tot de conclusie dat zij zich toen aan de ene kant gefrustreerd voelde omdat deze school geen kunstopleiding bood, maar aan de andere kant onderkent zij de grote ervaring die zij er opdeed met de materiële aspecten van glas en de technieken van glasbewerking. Dankzij Hološka maakte zij kennis met de theorie van het ontwerpen en de praktijk van het productieproces. Hierdoor leerde zij al op jonge leeftijd dat de verbeeldingskracht van een ontwerper, zonder kennis van het materiaal en zijn mogelijkheden, blijft steken in de fantasie.

Op aanraden van Hološka gaat zij na een succesvolle afronding van haar studie niet naar de Middelbare school voor Toegepaste Kunsten in Železný Brod, zoals haar oorspronkelijke bedoeling was, maar vervolgt zij haar studie aan de afdeling *Glas in architectuur* van de kunstacademie in Bratislava waaraan toen sinds kort de getalenteerde glaskunstenaar Václav Cígler was verbonden.

## De opleiding in Bratislava
De hoge eisen die Cígler aan zijn studenten stelde, gaven dezen het gevoel dat van hen bijna het onmogelijke werd verlangd, maar tegelijkertijd werden deze eisen als uiterst stimulerende uitdagingen ervaren waaronder zij niet probeerden uit te komen. Het studeren bij Cígler beschouwden de studenten als een grote eer en zij vatten hun studie dan ook zeer serieus op. Tussen Cígler en zijn studenten bestond een bijzondere, open verhouding waarin elke vorm van paternalisme en dwang ontbrak. Er werd niet over de aanpak van

In the 1960s, Rona was not the only successful glassworks in Central Slovakia. Others included Katarínská Huta, Poltár, Utekač and Zlatno. The last of these produced particularly interesting designs under the influence of Lubomír Blecha (b. 1933), who had trained under Josef Kaplický.

In 1966, Eva Fišerová completed her training in Lednické Rovné. Looking back on her time there, she feels that she was frustrated by the lack of artistic training at the school, but she also acknowledges the value of the thorough apprenticeship she received in the material aspects of glass and techniques of glassware production. Thanks to Hološka, she learned both the theory of design and the practice of the production process. This taught her at an early stage in her career that the imagination of a designer is of little practical use without a good knowledge of the material and its potential.

On Hološka's advice, she went on to study, not — as originally planned — at the Secondary School for Applied Arts in Železný Brod, but at the *Glass in Architecture* Department at the Academy of Fine Arts in Bratislava, where the talented glass artist Václav Cígler had recently been appointed head of department.

## Training in Bratislava
The high standards that Cígler set his students made them feel that he was asking the impossible but, at the same time, gave them an exciting challenge and encouraged them to do their best. They regarded it as a great honour to train under Cígler and therefore took their work extremely seriously. Between Cígler and his students, there was an unusually open relationship with no trace of any kind of paternalism or pressure. Discussions were not about the students' attitudes but about the work itself.

Like everyone else, Eva Fišerová was deeply impressed by Cígler's tuition and by his great erudition and apparently infinite knowledge. Students might feel at first that his comments on their work were casual and beside the point, but they gradually realised how much his observations added to their understanding. For example, when discussing an assignment to design jewellery, Cígler took the human face

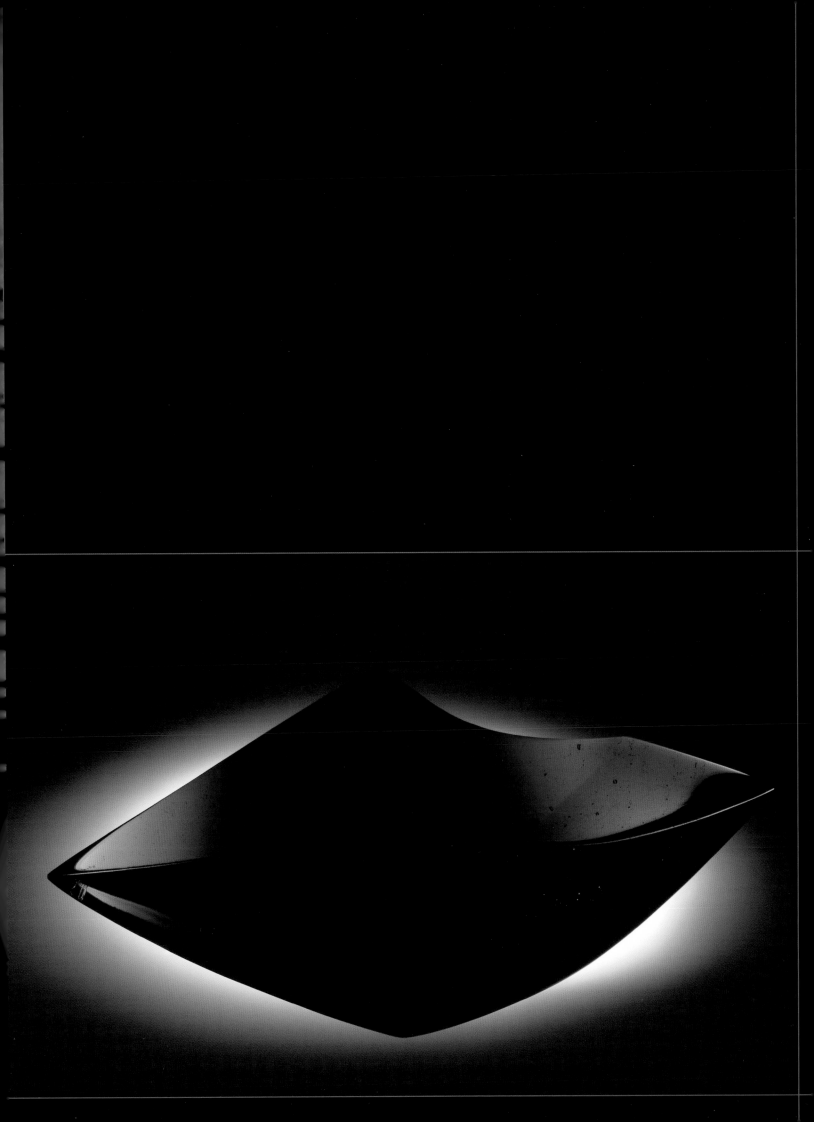

de lessen gesproken, maar over het werk zelf. Ook Eva Fišerová was diep onder de indruk van de aanwijzingen die Cígler gaf en van zijn grote eruditie en onbegrensde kennis. Wanneer hij hun werk begon te corrigeren, leek het alsof dat met een zekere nonchalance gebeurde en alsof het niets met de besproken opgave had te maken. Gaandeweg echter merkten de studenten dat door de opmerkingen van Cígler hun inzichten werden aangescherpt.

Zo nam Cígler bij de opdracht om juwelen te ontwerpen het menselijke gezicht als uitgangspunt dat hij typeerde als een onregelmatig landschap met vele veranderingen, met variabele structuren, getekend door de tijd. Spelenderwijs vervaagden de tekenstudies en gingen de studenten geheel op in de creatieve sfeer die zo ontstond. Die aanpak zorgde er voor dat de studenten geleidelijk aan tot inzicht kwamen en hun verbeeldingskracht ontwikkelden. Fišerová kon zich uitstekend vinden in deze manier van werken. Er was een sfeer die het mogelijk maakte geheel vrij de eigen verbeelding te ontwikkelen, dankzij een manier van lesgeven die als het ware vloeiend in de kunst overging.

De student was verplicht elk semester drie opgaven in glas te maken, naast een aantal modellen in karton. Deze resultaten werden tijdens de halfjaarlijkse examens geëxposeerd in de schoollokalen die door de studenten zelf waren ingericht. Volgens een door Cígler uitgewerkt scenario werd hier drie dagen en nachten gewerkt, waarbij niet alleen aan pedagogische, maar ook aan inhoudelijke aspecten werd gedacht. Details waren altijd ondergeschikt aan het grotere geheel. In de studieresultaten was een duidelijke ontwikkeling te zien van gebruiksvoorwerpen als drink- en tafelglas via siervoorwerpen als vazen en schalen naar gemodelleerde vormen, glasplastieken en glasobjecten die voor de architectonische ruimte waren bedoeld.

Eva was erg enthousiast over deze creatieve happenings, te meer daar de halfjaarlijkse presentaties van de verschillende afdelingen tegelijkertijd plaatsvonden. Hierdoor werd de wederzijdse uitwisseling bevorderd en ontstond bijna de sfeer van een familiefeest. Deze intense band gold ook voor het huis waarin de studenten van de verschillende disciplines waren ondergebracht. Dankzij hun eigen achter-

as his starting-point, describing it as an irregular landscape full of change, with variable structures, marked by the passage of time. The drawing assignments he set became gradually less directive and the students found themselves absorbed in the creative atmosphere that had developed. This approach nurtured the students' understanding and developed their creative imaginations. Fišerová felt completely at home with it. The atmosphere in the department enabled her to develop her own vision without restraint, thanks to the way formal tuition blended seamlessly with individual artistic creation in Cígler's didactic approach.

The students had to produce three pieces of glass each term, plus a number of cardboard maquettes. During the twice-yearly exams, they organised their own exhibition of these in the school. In accordance with a scenario worked out by Cígler, they worked on the show for three days and nights, learning as they went and invariably subordinating details to the greater whole. The students' results showed a clear evolution from utilitarian objects like drinking glasses and tableware via decorative objects like vases and bowls

to modelled forms, glass sculptures and glass objects intended for display in architectural settings.

Eva was extremely enthusiastic about these creative happenings, especially because the twice-yearly presentations of the various departments were all held simultaneously. This encouraged cross-disciplinary working and created an atmosphere almost of family celebration. The resulting close relationship between the students in the different departments was also encouraged by the shared accommodation with which they were provided. Their diverse backgrounds frequently prompted lively discussions in which they could air their artistic views and compare experience with different materials.

Cígler gave all of Eva Fišerová's class the same graduation project. Each student had to design three things: a drinks set, an exclusive set of small utilitarian objects for use in a hotel, and a sample of autonomous art. For the third of these, Eva produced cut-glass boxes of a special bluish ruby glass, which she had herself developed, and a transparent cut crystal sculpture entitled *Jadro*. The latter

gronden was er vaak sprake van levendige discussies waarin hun artistieke opvattingen en ervaringen met materialen werden uitgewisseld.

De afstudeeropdracht die Eva Fišerová van Cígler kreeg, was dezelfde als die aan de andere studenten werd gegeven. De opgave bestond uit drie onderdelen: het ontwerpen van een drinkset, het ontwerpen van een exclusieve set van klein hotelglas en een vrij ontwerp. Voor deze laatste opdracht maakte Eva geslepen dozen van een speciaal blauwachtig robijnkleurig glas dat zij zelf had ontwikkeld, en de plastiek *Jadro* van helder geslepen kristalglas. Dit object bevindt zich tegenwoordig in de collectie van het Slowaakse Nationale Museum. De werkstukken zijn in Železný Brod en in het atelier van Stanislav Libenský tot stand gekomen. Dat Fišerová zich al tijdens haar studie onderscheidde, blijkt uit het feit dat zij in 1972 op de internationale tentoonstelling *Exempla '72* in München een bronzen medaille verwierf voor de acht geslepen objecten die zij had ontworpen als trofee voor acht verschillende olympische sporten.

## Een beeldhouwer in glas

Fišerova is een beeldhouwer die spontaan werkt met monumentale massa's glas. Achteraf gezien, is haar vrije eindexamenobject *Jadro* prototypisch gebleken voor haar verdere ontwikkeling in een richting waaraan zij tot op de dag van vandaag, met een rijkdom aan verschillende uitingen en gebruik makend van verschillende materialen, trouw is gebleven. Fišerova is voortdurend op zoek naar de realisatie van objecten die in hun maatvoering de grenzen verleggen van de niet-constructieve eigenschapen van glas. Dit leidt veelal tot dramatische constructies vol bizarre vormen en elementen.

Hoewel opgeleid door Cígler voor wie zij een groot respect koestert, heeft Fišerova zich nooit tot de prismatische plastiek in optisch glas aangetrokken gevoeld. Wel heeft zij dankzij Cígler de zuivere geometrie leren kennen en waarderen. Een demonstratie van het bereiken van het bijna onmogelijke zijn de bronzen objecten met grote afmetingen die zij in de jaren negentig heeft vervaardigd. Met deze voorwerpen heeft zij in brons een maatvoe-

object is now in the collection of the Slovak National Museum. The pieces were made in Železný Brod and at the studio of Stanislav Libenský. It is clear that Fišerová was an outstanding student: as early as 1972 she won a bronze medal at the *Exempla '72* international exhibition in Munich for eight cut-glass objects which she had designed as trophies for eight different Olympic sports.

## A sculptor in glass

Fišerova is a sculptor who works in a spontaneous way with monumental volumes of glass. *Jadro*, the object she produced as her autonomous final-year exam project, was to prove a prototype for her further development. It showed her moving in the direction to which she has remained faithful ever since, albeit with a wealth of variation in terms of style and materials. Fišerova's career is a constant quest to create vast objects, the size of which pushes the limits of the non-constructive properties of glass. The results tend to be dramatic structures full of bizarre shapes and features.

Although trained by Cígler, for whom she has great respect, Fišerova has never felt drawn to the creation of prismatic sculptures of optical glass. Thanks to Cígler, however, she did learn to understand and appreciate pure geometry. A demonstration of the achievement of the near-impossible is provided by the huge bronze objects she produced in the 1990s. These show the size of the objects she hopes one day to create in glass. In fact, the use of bronze was an excursion intended to enhance the form of her future work in glass.

Its effect was revealed at her solo exhibition *Vision*, held in 1999 at the City Gallery in Bratislava. This featured meticulously constructed, dynamic compositions expressing the process of take-off, gliding and flight. Paying great attention to the relationship between the material and immaterial, Fišerova sought ways to create a carefully considered architecture of stacked objects without the use of glue. This forced her to pay constant attention to the changing position of each object's centre of gravity as she alternated convex and concave forms and volumes

ring weten te realiseren die haar ook in glas voor ogen staat. In feite is het gebruik maken van het materiaal brons een uitstap geweest die de vorm van haar toekomstige glaswerk verder zou moeten versterken.

Waar dit toe heeft geleid, was te zien op haar solo-tentoonstelling *Vision* die in 1999 in de stadsgalerie in Bratislava plaatsvond. Hier werden zorgvuldig geconstrueerde, dynamische composities getoond waarin het proces van opstijgen, zweven en vliegen tot uitdrukking was gebracht. Met grote aandacht voor de verhouding tussen het materiële en het immateriële zocht Fišerova naar oplossingen voor een doordachte architectuur van gestapelde objecten waaraan geen verlijming te pas kwam. Zij diende daarbij constant te waken over de plaats van het zwaartepunt van het object dat ontstaat door een afwisseling van bolle en holle vormen en volumes, met als gevolg een stabiliteit zonder dat er sprake is van verlies van de nagestreefde harmonie. De glazen sculpturen zijn chromatisch doordacht en het vlechtwerk van kleurtonen en schaduwen, bubbels en voiles zijn de uitdrukking van het ongrijpbare,

van emoties en pathos. Fišerova zegt hier zelf over dat de 'onzichtbare realiteit haar fascineert'.

Tijdens een studieverblijf in Parijs in 2003 heeft zij als uitdrukking van deze gedachte monumentale abstracte schilderijen gemaakt, waarvan sommige op glas. Deze werken zijn opnieuw een bewijs van haar grensverleggende aanpak. Dankzij de ervaringen die zij heeft opgedaan in de school in Lednické Rovné, weet Fišerova met haar expressieve geest monumentale objecten van geblazen glas te maken die een geheel eigen signatuur hebben.

Fišerova maakt in haar werk gebruik van oorspronkelijke glastechnieken als smelten en slijpen. Schilderijen realiseert zij op vlakglas met glasverven die zij vervolgens bij een temperatuur van 580 °C smelt. Sinds 1991 werkt zij bij het realiseren van haar plastieken in Železný Brod samen met twee meesters in de gesmolten glasplastiek: Tomáš Málek en Tomáš Flanderka. Als materiële basis voor haar plastieken past zij gegoten glas uit het Tsjechische Děsná toe.

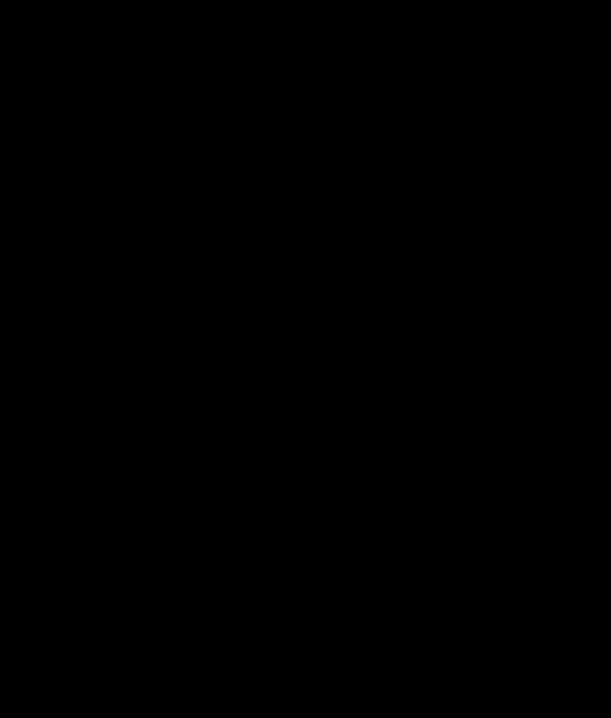

to achieve stability without any loss of the harmony for which she was striving. The resulting glass sculptures are carefully considered in chromatic terms and display a lattice of colour tones and shadows, bubbles and veils that are the expression of the intangible, of emotion and pathos. Fišerova herself says that she is fascinated by the 'invisible reality' of life.

During a period in Paris in 2003, she produced monumental abstract paintings expressing this idea, some of them on glass. These works provide new evidence of her pioneering approach. Thanks to the experience she gained at the school in Lednické Rovné, Fišerova is able to use her expressive imagination to create monumental blown glass objects of great individuality.

In her work, Fišerova exploits traditional glassmaking techniques like smelting and cutting. She makes her paintings on flat sheets of glass using glass paints which she then fires at a temperature of 580 °C. Since 1991 she has executed her sculptures in Železný Brod, collaborating with two masters of kilncast glass sculpture: Tomáš Málek and

Tomáš Flanderka. The material she uses for her sculptures is cast glass from Děsná in the Czech Republic.

## Prijzen/Awards

**1999** prijs voor artistieke activiteit/
award for artistic endeavour,
Masaryk Academy of Art
**2000** prijs voor glaskunstenaars/
award for glass artists, Salvador Dalí
Alliance

## Solotentoonstellingen/
## Solo exhibitions

**1978** Nový Bor
**1987** Galerie Rob van den Doel,
Den Haag/The Hague
**1992** Galerie Kempten, Kempten;
Galerie Rob van den Doel,
Praag/Prague
**1993** Centre of Glass, Schalkwijk
**1994** Art Temporis Galerie,
Klagenfurt
**1996** Galerie Rob van den Doel,
Praag/Prague; Contemporary
Art Centre, Schalkwijk
**1997** Galerie Kempten, Kempten;
Art Temporis Galerie, Klagenfurt;
Studio Glass Gallery, Londen/
London
**1998** Art Temporis Galerie,
Klagenfurt; Galerie Habitation,
Praag/Prague
**1999** Galerie Rob van den Doel,
Den Haag/The Hague; Jean-Claude
Chappelotte Galerie, Luxembourg;
Galerie Atrium, Praag/Prague
**2000** Galerie L, Hamburg; Galerie
Broft, Leerdam
**2001** Galerie AVE ART, Praag/
Prague
**2002** Etienne & Van den Doel
Expessive Glass Art, Oisterwijk;
Galerie Z, Jiří Zvonař, Praag/Prague
**2003** Etienne & Van den Doel
Expressive Glass Art, Oisterwijk;
Galerie Pokorná, Praag/Prague

## Werken in/
## Works displayed at

Mobile Museum of Art, Alabama;
Uměleckoprůmyslové muzeum,
Praag/Prague

# Jan Frydrych

**1953, Šumperk, Tsjecho-Slowakije/Czechoslovakia**

**1968-1970** OUS (Glasopleiding/Glassmaking school), Nový Bor
**1972-1976** Gymnasium/Grammar school, Liberec
**1974-1978** Pedagogische faculteit/ Faculty of Education, Ústí nad Labem

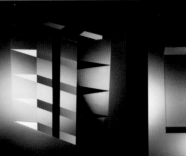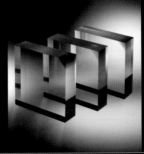

*Stalemate*, 1994, helder en blauw optisch glas/clear and blue optical glass,
h. 14 cm

object, 1993, champagnekleurig optisch
glas/champagne-coloured optical glass,
h. 14 & 13.5 cm

*Pyramid in Cube*, 1995, helder en
blauw optisch glas/clear and blue
optical glass, h. 15.5 cm

*Harlequin*, 1992, optisch glas/optical
glass, h. 13.5 cm

object, 1990, gespiegeld vensterglas/
coated table glass, verlijmd/glued,
verzaagd/cut & gepolijst/polished,
h. 17 cm

*Space*, 1994, blauw optisch glas/blue optical glass, h. 26 cm

## Een grootmeester in slijpen

Jan Frydrych werd in 1953 in het Tsjechische Šumperk geboren. Zijn vader behoorde tot de generatie werknemers van de schoenfabrikant Bata die bekend stonden om hun precisie en de kwaliteit van hun werk. Hij was een man die ondanks vele tegenslagen een sterke wilskracht bezat en over een onuitputtelijke energie beschikte. Absolute precisie, systematisch denken, geduld en doorzettingsvermogen zijn de kwaliteiten die Jan Frydrych van zijn vader heeft geërfd. Zijn technische talent, zijn kennis van de elektrotechniek en zijn liefde voor de kunst maakten hem tot een van de beste leerlingen van de school die aan de Glasfabriek in Nový Bor was verbonden. Frydrych werd daar de rechterhand van zijn leraar Antonín Hlošek die een grote reputatie had op het gebied van slijpen, een techniek die door zijn ingewikkeldheid en hoge risicogehalte niet bepaald geliefd was bij zijn leerlingen.

Opmerkelijk genoeg heeft Jan Frydrych zijn hele leven lang juist een voorkeur voor het slijpen. Tijdens het slijpen is hij degene die de beslissingen neemt en die heerst over het materiaal en de techniek. Hij gebruikt in zijn werk machines die soms meer dan 200 jaar oud zijn en die door hem met zorg worden gekoesterd. Frydrych is nooit echt enthousiast geworden over het blazen van glas. Hij beschouwt zelfs het werken in de fabriek, samen met de glasblazers, als enigszins beperkend. Feitelijk kan hij de verleiding weerstaan van het voordeel dat men bij het glasblazen bijna direct resultaat ziet. Bij slijpen is het eindresultaat juist heel lang onzichtbaar en lijkt het wachten erop vaak eindeloos. Het zijn de manier van werken, zijn karakter, zijn vermogen om zelfstandig te beslissen, zijn technische vaardigheden en zijn wil om vrij te zijn en te blijven, die Frydrych tot de grootmeester van het glasslijpen hebben gemaakt.

Tijdens zijn studietijd in Nový Bor ontdekte Frydrych een vergeten oude catalogus met nooit gerealiseerde sculpturen van pierrots uit het cabaretmilieu van de jaren dertig. Deze harlekijns waren voor hem een bron van inspiratie bij het zich eigen maken van de moeilijkste slijp- en graveertechnieken. Zijn motto is dan ook niet zonder betekenis:

## A virtuoso glass-cutter

Jan Frydrych was born in 1953 in Šumperk (Czech Republic). His father belonged to the generation of workers at the Bata shoe factory who were renowned for their precision and the quality of their work. Despite many setbacks in his life, he remained a man of iron will and inexhaustible energy. It is from him that Jan Frydrych has inherited his absolute precision, systematic approach, patience and perseverance. His technical talent, knowledge of electrical engineering and love of art made him one of the best students at the school attached to the glassworks in Nový Bor. Frydrych became the right-hand man of his tutor Antonín Hlošek, who was renowned for his glass-cutting, a complex and risky technique not very popular among his students.

Remarkably enough, cutting has been Jan Frydrych's favourite activity ever since. He enjoys the way it gives him total power to decide and exclusive control of the material and technique. He lavishes loving care on the machines he uses, some of which are over 200 years old. Frydrych has never had any great enthusiasm for glassblowing. However close the on-site collaboration with the glass-blowers, the technique seems to him somewhat limiting. Its great advantage is that the result is almost instantly apparent, but this is a temptation he can resist. In the case of glass-cutting, by contrast, it takes a long time for the final result to emerge and the suspense often seems endless. It is his approach, character, ability to take independent decisions, technical virtuosity and determination to win and preserve his creative freedom that have made Frydrych the master glass-cutter he is today.

During his training in Nový Bor, Frydrych discovered an old catalogue containing never-executed harlequin designs from the world of 1930s cabaret. He drew on these for inspiration in his quest to master the most difficult cutting and engraving techniques. Tellingly, his personal motto is 'Winners do what losers refrain from attempting'. While still in training, he was already teaching fellow-students. And after completing his training he was

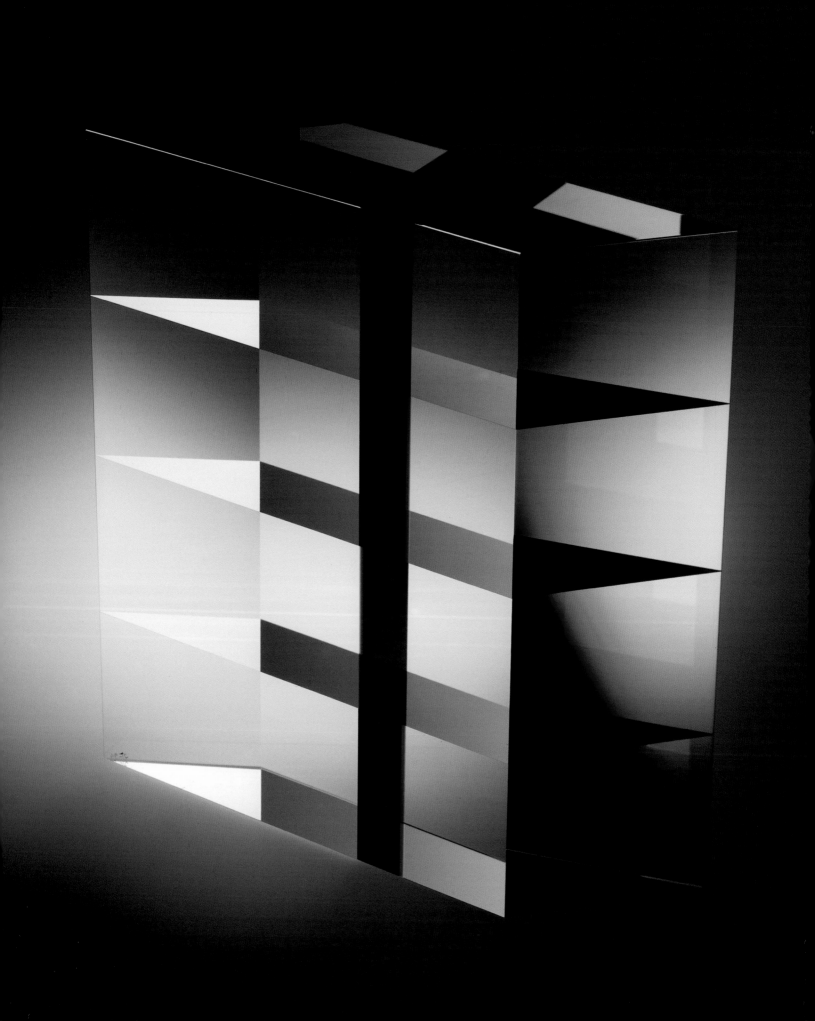

'De winnaars doen datgene, waar de verslagenen zich tegen verzetten'. Reeds tijdens zijn studie geeft hij lessen aan medeleerlingen. En wanneer hij zijn opleiding heeft afgerond, is hij tot 1974 als leraar aan de glasschool verbonden, terwijl hij tegelijkertijd het gymnasium in Liberec volgt. In deze periode maakt hij kwalitatief hoogstaande glasobjecten die in de winkels van de glasfabriek Crystalex in Nový Bor worden verkocht. De periode dat hij bij Crystalex werkte, is essentieel voor zijn verdere ontwikkeling. Hij werkte er samen met de jonge meesterglasblazer Petr Novotný (1952), de graveur Pavel Satrapa (1947) en de schilder Jiří Kozel. Bij het smeltproces wisselden zij elkaar af in ploegendiensten.

## Een eigen werkplaats
Het is in deze tijd dat hij ook een eigen werkplaats voor het uitvoeren van het werk van anderen opricht. De bureaucratie, de socialistische gelijkheid en de door de arbeiders zo genoemde 'scherveneconomie' (waarmee op de kwalitatief lage productie werd gedoeld), zijn voor Jan Frydrych de redenen geweest om in 1982 uiteindelijk de fabriek de rug toe te keren. Hij kon zich niet langer verenigen met de slechte organisatie en de in zijn ogen te geringe kwaliteit van het werk. Daarnaast vond hij dat men geen oog had voor zijn talenten. Door voor een vrije beroepsuitoefening te kiezen, verandert het leven van Frydrych radicaal. Zijn eerste ervaringen doet hij op met glaswerk in relatie tot de architectuur. Vervolgens wordt hij door de glaskunstenaar René Roubíček, een van de markantste persoonlijkheden van het moderne Tsjechische glas, benaderd om samen te gaan werken bij de realisatie van architectonische glasopdrachten.

In hetzelfde jaar 1982 neemt Frydrych met Jan Rozsypal deel aan een prijsvraag voor ontwerpen in glas voor de toen nieuw gebouwde Metro in Praag. Hoewel de prijs aan hem voorbijgaat omdat deze wordt gewonnen door Václav Cígler, heeft deze prijsvraag wel als onverwachte gunstige bijkomstigheid dat Frydrych en Cígler elkaar bij die gelegenheid hebben leren kennen. Cígler onderkende direct de talenten van Frydrych en bood hem aan met hem te gaan samenwer-

employed at the school until 1974, while at the same time attending an academic secondary school in Liberec. During this period, he produced high-quality glass objects for sale in the shops of the Crystalex glassworks in Nový Bor. His period with Crystalex was essential to his further development. He collaborated at the glassworks with the young master glass-blower Petr Novotný (b. 1952), engraver Pavel Satrapa (b. 1947) and painter Jiří Kozel. During the smelting process, they worked as a team on a shift system.

## His own studio
It was at this time, in 1982, that Jan Frydrych also set up his own studio to execute work by other people. It was the bureaucracy of the glassworks, the Socialist doctrine of equality and the low standard of much of the work being done that eventually made him turn his back on the factory. He could no longer reconcile himself to its poor organisation and what he saw as the low quality of the work being done there. He also felt that his talents were being ignored.

Going freelance changed his life. He gained his first independent experience of work in relation to architecture. Then he was approached by glass artist René Roubíček, one of the most outstanding figures in the world of modern Czech glass, and invited to collaborate with him on the execution of architectural projects.

Still in 1982, Frydrych worked together with Jan Rozsypal on an entry for a competition to design glass for the new Prague Metro. Although his entry was eventually rejected, participation in the competition brought him the incidental and unexpected benefit of getting to know the winner, Václav Cígler. The latter immediately recognised Frydrych's talent and suggested that they should collaborate, as indeed they are still doing today. Cígler had initially had his designs executed in various glassworks and studios. From the late '60s onward, he used František Čerňák and Andrej Jakab (b. 1950) at the optical glass studio run by the Slovak Academy of Fine Arts in Bratislava. But since meeting Jan Frydrych, Cígler has had virtually all his designs executed in his studio.

ken, een samenwerking die tot op de dag van vandaag voortduurt. Aanvankelijk liet Cígler zijn ontwerpen in verschillende fabrieken en ateliers uitvoeren. Vanaf het eind van de jaren zestig gebeurde dat met František Čerňák en Andrej Jakab (1950) in het atelier voor optisch glas van de Slowaakse kunstacademie in Bratislava. Maar vanaf de dag van zijn ontmoeting met Frydrych heeft Cígler vrijwel al zijn ontwerpen in het atelier van Jan Frydrych laten maken.

Toen Frydrych in 1982 zelfstandig begon te werken, was het niet mogelijk buiten de overheid om te opereren. Er bestond toen geen private sector en het benodigde materiaal werd uitsluitend door staatsondernemingen geïmporteerd uit bijvoorbeeld Italië en Frankrijk. Om deze afhankelijkheid te ontlopen, heeft Frydrych onconventionele oplossingen moeten zoeken, waarbij wilskracht en vastberadenheid hem door deze lastige periode hebben heen geholpen.

Het zelfstandig werken met glas vereist in vergelijking met het industriële productieproces een grote kennis, maar vooral ook eigen investeringen in materiaal en productie-middelen. Hierbij ligt het risico voor verliezen uiteraard steeds op de loer. Vandaar dat er weinig ateliers zijn als dat van Jan Frydrych. In Slowakije wordt een vergelijkbaar atelier gerund door Jakab die zijn technologische ervaringen bij Čerňák had opgedaan.

Václav Cígler is voor Frydrych de grote leermeester omdat hij het werken met optisch glas in zijn leven heeft gebracht. Dit voor hem nieuwe materiaal en de specifieke manier van ontwerpen van Cígler vereisten geheel nieuwe slijptechnieken. Frydrych ontwikkelt en verfijnt deze tot een graad van ongelofelijke precisie. Bovendien vergroot hij in deze jaren zijn kennis van nieuwe verlijmingstechnieken. Wanneer Frydrych gevraagd wordt naar zijn belangrijkste eigenschappen, noemt hij zijn durf, creativiteit, economische denken, intuïtie en vooral zijn grote ervaring. Technische problemen beschouwt hij als een uitdaging. In het bewerkingsproces blijft hij gebruik maken van de klassieke volgorde van studie, ontwerp, voorbereiding van het glasmateriaal en de vervaardiging van hittebestendige smeltvormen. Als belangrijkste aspect van het materiaal glas beschouwt

At the time when Frydrych went freelance in 1982, it was impossible to operate outside the public sector. There was no private sector in Czechoslovakia and the necessary materials were only imported (from countries like Italy and France) by state enterprises. To avoid being dependent on the state, Frydrych had to find unconventional solutions, and he needed all his willpower and determination to get him through this difficult period.

Compared with the industrial process, working independently with glass demands not only great expertise but also considerable private investment in material and equipment. The risk of financial failure is ever present. That is why there are few studios like Jan Frydrych's. In Slovakia there is a similar studio run by Jakab, who gained his technological experience at Čerňák.

Frydrych regards Václav Cígler as his mentor because it was he who introduced him to optical glass. This new material and Cígler's particular design approach demanded completely new cutting techniques. Frydrych developed and refined these to an incredible degree of precision.

During this period, he also expanded his knowledge of new glueing techniques. When Frydrych is asked to name his own most important strengths, he lists daring, creativity, financial insight, intuition and — above all — experience. He regards technical problems as a challenge. In the glass-working process, he continues to observe the traditional sequence of study, design, preparation of the glass and manufacture of heat-resistant moulds. In his view, the most important aspect of glass is its sparkle. But the higher the quality of the glass, the more fragile it is during working processes, whether cold or hot. Cutting demands great physical strength, exact coordination of hand and eye, and — above all — infinite patience. After all, the reflections in glass multiply every minute imperfection. While it is being worked, glass defends itself, as it were, by splitting or shattering, instantly destroying everything achieved up to that point.

In the 1990s, Frydrych taught glass-cutting at schools in France, Japan and the United States. Initially, he tended to concentrate on executing designs by other people.

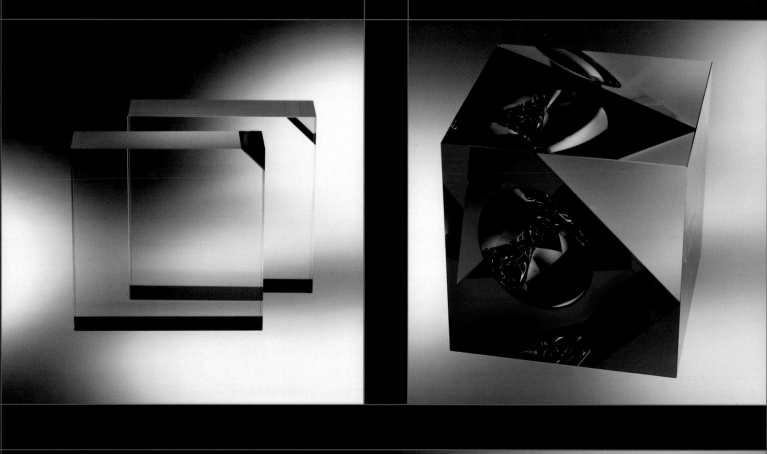

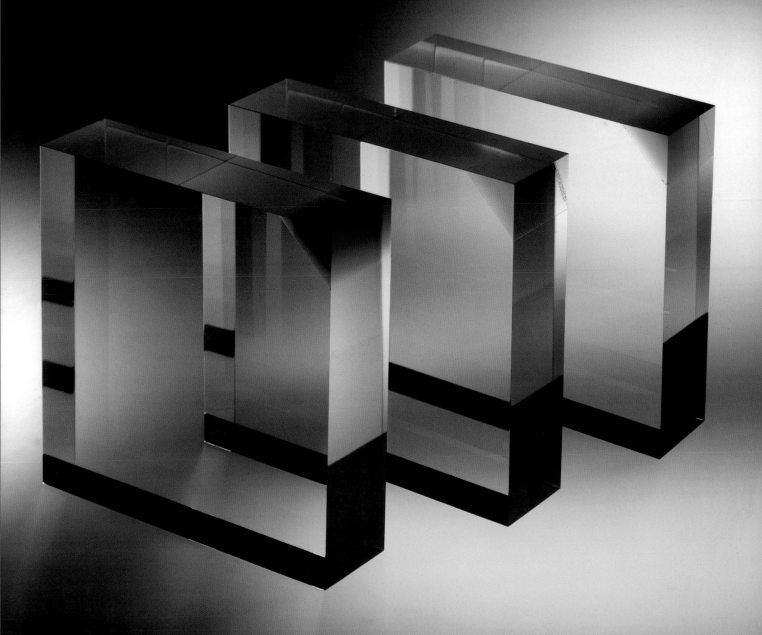

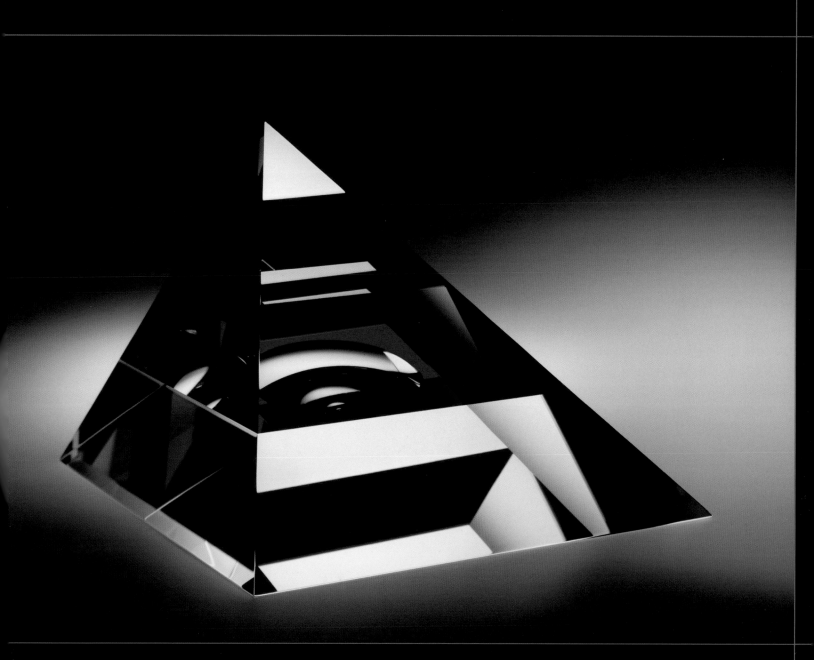

Frydrych de vonk. Hoe hoger de kwaliteit van het glas is, des te kwetsbaarder is het bij koude en warme verwerkingsprocessen. Het slijpen stelt hoge eisen aan zijn fysieke kracht, een exacte coördinatie van handen en ogen, maar vereist vooral veel geduld. Glas weerspiegelt immers iedere minuscule imperfectie. Tijdens zijn bewerking verdedigt glas zich als het ware door te splijten of uiteen te vallen, met als gevolg de ogenblikkelijke vernietiging van het inmiddels bereikte resultaat.

In de jaren negentig heeft Frydrych slijplessen gegeven op scholen in Frankrijk, Japan en de Verenigde Staten. In eerste instantie voerde hij vooral het werk van anderen uit. Zo heeft hij aan een aantal meesterlijke architectonische creaties van zijn landgenoot Bořek Šípek (1949) gewerkt. In 1986 heeft hij zelfs, samen met Petr Novotny, de ontwerpen van de beroemde, toen inmiddels hoogbejaarde Nederlandse glasontwerper A.D. Copier gerealiseerd. Zoals al eerder gesteld, laat Cígler sinds 1982 vrijwel al zijn ontwerpen bij Frydrych uitvoeren. Zo was hij in 1991 verantwoordelijk voor de onderdelen van optisch glas in de meer dan 25 meter hoge sculptuur van glasfiber en optisch glas in de hal van het kantoor van Nationale-Nederlanden in Rotterdam. Vier jaar later voerde hij het ontwerp uit dat Cígler voor het gebouw van Digital in Praag ontwierp, terwijl hij in 1997 het object realiseerde voor het gebouw van de Komerční Banka, eveneens in Praag.

## De glaskunstenaar Frydrych

Maar naast de realisatie van de ontwerpen van anderen, maakt Jan Frydrych ook glas naar eigen ontwerp. Zijn specialisme is de combinatie van verlijmen en slijpen. Hij beschouwt het verlijmen als een vorm van technische wetenschap die voor de glaskunst nieuwe perspectieven heeft geopend.

De filmer Ivan Sekyra heeft over Jan Frydrych een documentaire gemaakt met als titel *Innerlijke ruimtes*. In deze film wordt de persoon van Jan Frydrych raak neergezet, terwijl de titel de meest karakteristieke eigenschap van zijn werk verwoordt: zijn concentratie op de innerlijke dimensies van de glazen plastiek. Frydrych weet in zijn

These included a number of masterly architectural creations by his fellow-countryman Bořek Šípek (b. 1949). In 1986 he even collaborated with Petr Novotny on the execution of designs by the renowned, and by then extremely elderly, Dutch glass designer, A.D. Copier. And, as already mentioned, Frydrych has executed virtually all Cígler's designs since 1982. In 1991, for example, he was responsible for the optical glass components of the enormous glass fibre and glass sculpture (more than 25 metres high), in the lobby of the Nationale-Nederlanden office building in Rotterdam. Four years later, he executed Cígler's design for the Digital building in Prague, and in 1997 he likewise executed the object for the Komerční Banka building in the same city.

## Frydrych as a glass artist

Besides executing other people's designs, however, Jan Frydrych also produces objects to his own designs. His speciality is the combination of glueing and cutting. He regards glueing as a form of technology that has opened up new perspectives for glass art.

Film-maker Ivan Sekyra has produced a documentary about Jan Frydrych entitled *Inner Spaces*. The film offers a telling portrait of the man while its title identifies the foremost characteristic of his work: his concentration on the inner dimensions of his glass sculptures. In his objects, Frydrych achieves optical effects of unparalleled fascination through the technical perfection of his work. The construction of his objects proceeds from the inside out, from the first glass 'building blocks' to the entire object, which can then be reduced to elementary geometrical shapes. It all revolves around optical interplay, reflections, discovery and rediscovery. Every change in the viewer's perspective triggers different effects of light and colour. Yet Frydrych uses only one colour, blue, plus the technique of vacuum metallisation on surfaces. The Expressionist painter Franz Marc (1880-1916) once described blue as a masculine colour, stern and spiritual. It stands not only for Frydrych's stubborn individuality, but also for his powers of expression.

objecten een ongekend fascinerend optisch spel te bereiken dankzij de volmaakte verwerking van het materiaal.
De constructie van zijn objecten verloopt van binnen naar
buiten, van de eerste glazen 'bouwsteen' naar het geheel
dat vervolgens is terug te brengen tot elementaire geometrische vormen. Alles speelt zich af in het optische spel,
de weerspiegeling, het ontdekken en het herontdekken.
Iedere verandering van positie die de kijker ten opzichte
van het object inneemt, brengt verschillende licht- en kleur-
effecten te weeg. Toch gebruikt Frydrych slechts één kleur,
te weten blauw, waarop hij de techniek van het vacuüm
metalliseren van oppervlakken toepast. Blauw is, zoals de
expressionistische schilder Franz Marc (1880-1916) ooit zei,
het mannelijke principe, gesloten en spiritueel. Blauw staat
niet alleen voor de eigenzinnigheid van Frydrych, maar ook
voor zijn expressie.

## Solotentoonstellingen/
## Solo exhibitions

**1994** Galerie Rob van den Doel, Den Haag/The Hague
**1998** Galerie Rob van den Doel Galerie, Den Haag/The Hague
**2000** Galerie Etienne & Van den Doel, Den Haag/The Hague
**2002** Plateaux Gallery, Londen/London
**2002** Galerie Etienne & Van den Doel, Den Haag/The Hague

## Werken in/
## Works displayed at

Museum Jan van der Togt, Amstelveen; Slovenská národná galéria, Bratislava; Nationale Nederlanden, Rotterdam

## Ruimtelijk werk/
## Works in architecture

**1993** Slovak National Bank, Bratislava
**1994** Wall Centre, Vancouver
**1995** Comenius University, Bratislava
**1996** IRB Bank, Bratislava; Slovak National Bank, Bratislava; London Millenium Bridge, Londen/London
**1997** Slovak National Bank, Bratislava; Slovak National Bank, Nitra; Slovak National Bank, Prešov; VÚB Bank, Bratislava; PSS, Košice

# Pavol Hlôška

**1953, Banská Štiavnica, Tsjecho-Slowakije/Czechoslovakia**
**1969-1973** SŠUP (Middelbare kunstnijverheidsschool, afdeling keramiek/
Secondary School for Applied Arts, ceramics department), Bratislava
**1973-1979** Kunstacademie, afdeling Glas in architectuur/
Academy of Fine Arts, Glass in Architecture Department, Bratislava
**1993-1994 en/and 1999** President of Slovak Glass Artists Association

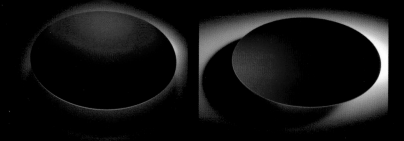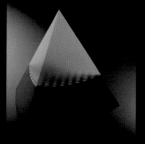

UFO, 2003, wit optisch glas/white optical glass, gemetalliseerd/metallised, d. 30 cm

Katkovany, 1994, zwart optisch glas/black optical glass, platinum gemetalliseerd/platinum metallised, verlijmd/glued, verzaagd/cut, gepolijst/polished, h. 22 cm

object, 2002, optisch glas/optical glass, goud gemetalliseerd/gold metallised gold, verlijmd/glued, verzaagd/cut, gepolijst/polished, d. 45 cm

Box, 2003, optisch glas/optical glass, verzaagd/cut, gepolijst/polished, aan de binnenzijde twee Australische goudklompen/with two nuggets of Australian gold inside, d. 18.5 cm

## Zijn studietijd

Pavol Hlôška werd in 1953 in Banska Štiavnica (Slowakije) geboren. Zijn vader was chemicus, terwijl zijn grootvader eigenaar van een fabriek was waar textiel werd bedrukt met traditionele, blauwwitte Slowaakse patronen. Deze fabriek werd overigens tijdens het totalitaire regime onteigend. Aanvankelijk zou Pavol, zoals de familietraditie dat wilde, in het vak van textieldruk worden opgeleid. Gezien echter zijn uitzonderlijke tekentalent lag het voor de hand hem een kunstopleiding te laten volgen. Vandaar dat hij in 1969 eerst naar de Middelbare school voor Toegepaste Kunsten in Bratislava ging, waar hij zich specialiseerde in keramiek. Het uitgangspunt van deze school (de oudste kunstopleiding in Slowakije, opgericht in 1928) was het behouden van de eigen identiteit van de traditionele Slowaakse kunstnijverheid, maar deze tegelijkertijd confronteren met de ontwikkelingen in de moderne Europese kunst.

Hlôška genoot zijn opleiding in dezelfde periode als Miloš Balgavý, zij het dat hij één jaar eerder was aangekomen. Sinds deze tijd bestaat er een nauwe artistieke band tussen de twee kunstenaars. Op de school heerste een creatieve sfeer die ruimte bood aan allerlei experimenten. Deze werden in het bijzonder gestimuleerd door de toenmalige directeur Jozef Brimich die de school van 1964-1983 heeft geleid.

Toen de talentvolle Hlôška in 1973 zijn opleiding had afgerond, verdiepte hij zich verder in de toepassingsmogelijkheden van keramiek, de warmtewerking van het materiaal en zijn vormgeving. Aanvankelijk vervolgde hij zijn studie aan de kunstacademie in het Poolse Wroclav, maar omdat hij zich meer aangetrokken voelde tot de glasafdeling van Václav Cígler aan de academie in Bratislava besloot hij over te stappen. En zo behoorde hij, samen met Michal Gavula (1954) en Rudolf Vyšňovský, bij zijn afstuderen in 1979 tot de laatste lichting studenten van Cígler.

## Mystiek en fraktalen

Pavol Hlôška zoekt in zijn werk naar de zin en de essentie van vormen, waarbij hij zich tevens bezig houdt met hun genealogie en etymologie en met het geheim van stabiliteit

## Training

Pavol Hlôška was born in 1953 in Banska Štiavnica (Slovak Republic). His father was a chemical scientist, while his grandfather owned a textile-printing factory specialising in traditional blue-and-white Slovak designs. Under the totalitarian regime, this was expropriated by the state. Pavol was originally destined to follow the family tradition and be trained in textile printing. However, his exceptional talent for drawing made an artistic education the obvious choice. In 1969, therefore, he enrolled at the Secondary School for Applied Arts in Bratislava, where he specialised in ceramics. The philosophy of this school (founded in 1928 and the oldest art school in Slovakia) was to preserve the separate identity of traditional Slovak crafts, while at the same time exposing them to the influence of modern art from elsewhere in Europe.

Hlôška attended the school at the same time as Miloš Balgavý, although he was one year ahead of him. A close and lasting artistic relationship developed between the two of them. The school offered a creative atmosphere with scope for wide experimentation. This was especially encouraged by the head of the school, Jozef Brimich, who occupied the post between 1964 and 1983.

Hlôška was a talented student and, when he completed his training in 1973, he went on to a more specialised study of the potential applications, thermal behaviour and design of ceramics. Initially, he undertook this in Poland, at the Academy of Fine Arts in Wroclaw, but then decided to switch to Václav Cígler's glass department at the academy in Bratislava. So it was that, together with Michal Gavula (1954) and Rudolf Vyšňovský, he was one of Cígler's last cohort of final-year students in 1979.

## Mysticism and fractals

In his work, Pavol Hlôška seeks to identify the meaning and essence of different forms, while at the same time being preoccupied by their genealogy and etymology and by the mystery of stability and variability. Hlôška's artistic formal idiom displays the same sort of coherence as the geometrically abstract visual idiom employed by artist

en veranderlijkheid. De artistieke vormentaal van Hlôška heeft eenzelfde coherentie als de geometrisch abstracte beeldtaal van de beeldend kunstenaar Max Bill (1908-1994) die de mathematische realiteit in vormen en kleuren vertaalt. Evenals bij Bill zijn in het werk van Hlôška de thema's kleurtransformatie en vormdynamiek voortdurend aanwezig. Onder invloed van de spirituele, maar tegelijk ook rationele abstractie van Cígler gaat hij uit van twee inspiratiebronnen.

De eerste bron wordt gevormd door het eeuwenoude, maar nog steeds actuele Chinese filosofische boek *I-Tjing* (boek der verandering) en het traktaat *Tao Te King* van Lao Tse uit 600 voor Christus. Achter de schoonheid en de elegantie van zijn plastieken van optisch glas voelen wij zijn gevoel voor esthetiek, die evenzeer aanwezig is in de glans van zijn rijke, met spiegelfolie bewerkte structuren. Maar ook herkennen we zijn zoektocht naar de oorsprong van de wereld. Door het doorgronden van de krachten van gelijkheid en ongelijkheid, hun interactie en hun evenwicht, probeert Hlôška deze oorsprong te bevatten. Om in zijn woorden te spreken: *'De kosmos is werkelijk uniek omdat*

*deeltjes uit niets kunnen ontstaan en ook in het niets kunnen verdwijnen (...). Met als resultaat dat de westerse wetenschap en de oosterse mystiek, twee volledig verschillende disciplines, toch met elkaar in contact kunnen worden gebracht.'* Nog krachtiger wordt zijn gedachtegang verwoord in de publicatie *The Tao of Physics* uit 1972 van Fritjov Capra, waarin wordt gesteld dat de wetenschap de mystiek nodig heeft, maar de mystiek niet de wetenschap. De mens heeft behoefte aan beide. De mystieke ervaring is voorwaarde voor het begrijpen van de diepste essentie van dingen. Abstracte kunst verandert zo het onzichtbare en immateriële in het waarneembare.

Hlôška deelde dit filosofisch getinte gedachtegoed met zijn leermeester Cígler die een grote invloed op hem heeft gehad. Cígler onderhield vriendschappelijke contacten met medewerkers van de Slowaakse wetenschappelijke academie, met wie hij lange filosofische discussies had over de oorsprong van het universum. Hij legde een relatie tussen het spirituele en het rationele wat hem tot een geliefd voorbeeld van zijn studenten maakte. Zijn glas-

Max Bill (1908-1994), who translated mathematical reality into forms and colours. In Hlôška's work, like that of Bill, colour transformation and dynamism of form are ever-present themes. Under the influence of Cígler's simultaneously spiritual and rational abstract approach, he draws on two sources of inspiration. The first is the ancient but still popular book of Chinese philosophy, the *I Ching* (Book of Changes) and Lao Tse's *Tao Te King*, dating from 600 B.C.. Behind the beauty and elegance of his optical glass sculptures, and in the brilliance of his rich structures clad in mirror film, his aesthetic sensitivity is tangible. But his quest for the origins of the universe is also apparent. Hlôška seeks to grasp these origins through his exploration of the forces of uniformity and difference, and of their interaction and equilibrium. *'The cosmos',* he says, *'is truly unique because particles can originate out of nothingness and vanish into nothingness (...). With the result that Western science and oriental mysticism, two completely different disciplines, can be brought together.'* His philosophy is expressed still more cogently

in Fritjov Capra's 1972 publication *The Tao of Physics*, where Capra argues that science needs mysticism but not vice versa and that people need both. Without the experience of mysticism, we cannot understand what is most profound and essential in the material world. So it is that abstract art gives tangible form to the invisible and non-material.

Hlôška shared this interest in philosophy with his mentor Cígler, who had a deep influence on him. Cígler was friendly with staff at the Slovak Academy of Sciences and had long philosophical discussions with them about the origins of the universe. The relationship he saw between the spiritual and the rational won him many disciples among his students. They found his glass objects, lighting fixtures, landscape projects and objects for use in architecture an extremely inspiring manifestation of the philosophy of Lao Tse that the perfect man creates through non-intervention. He makes thousands of things without instructions, without compulsion and without the desire to achieve immortality through

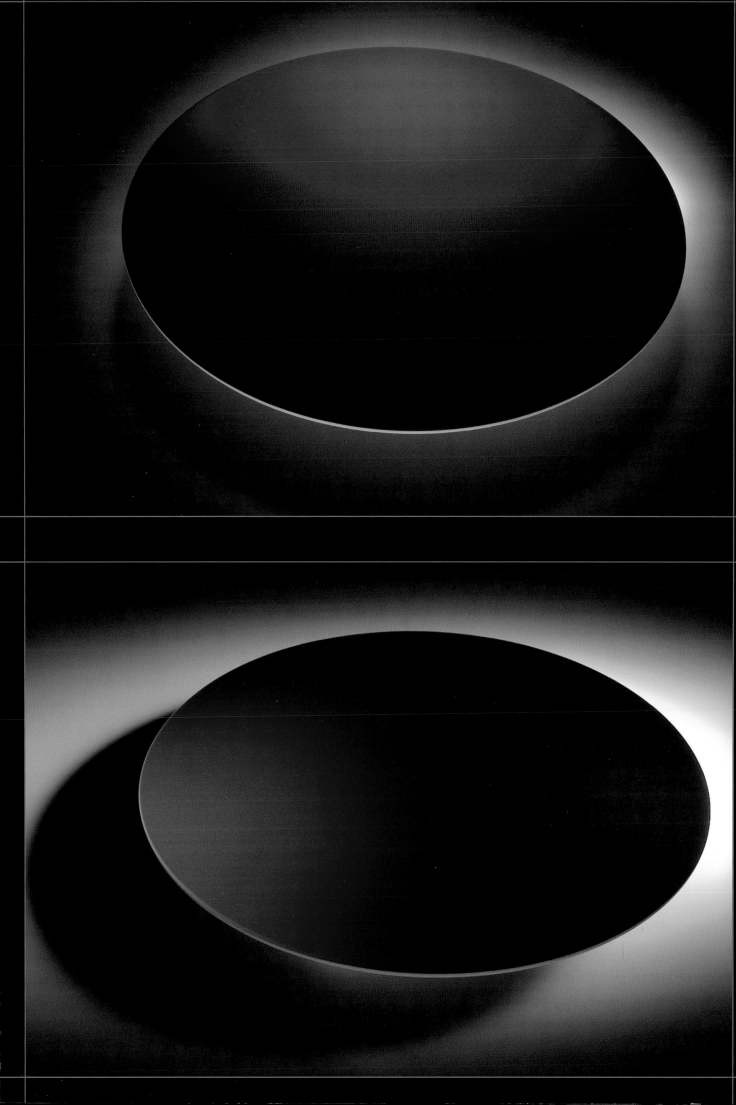

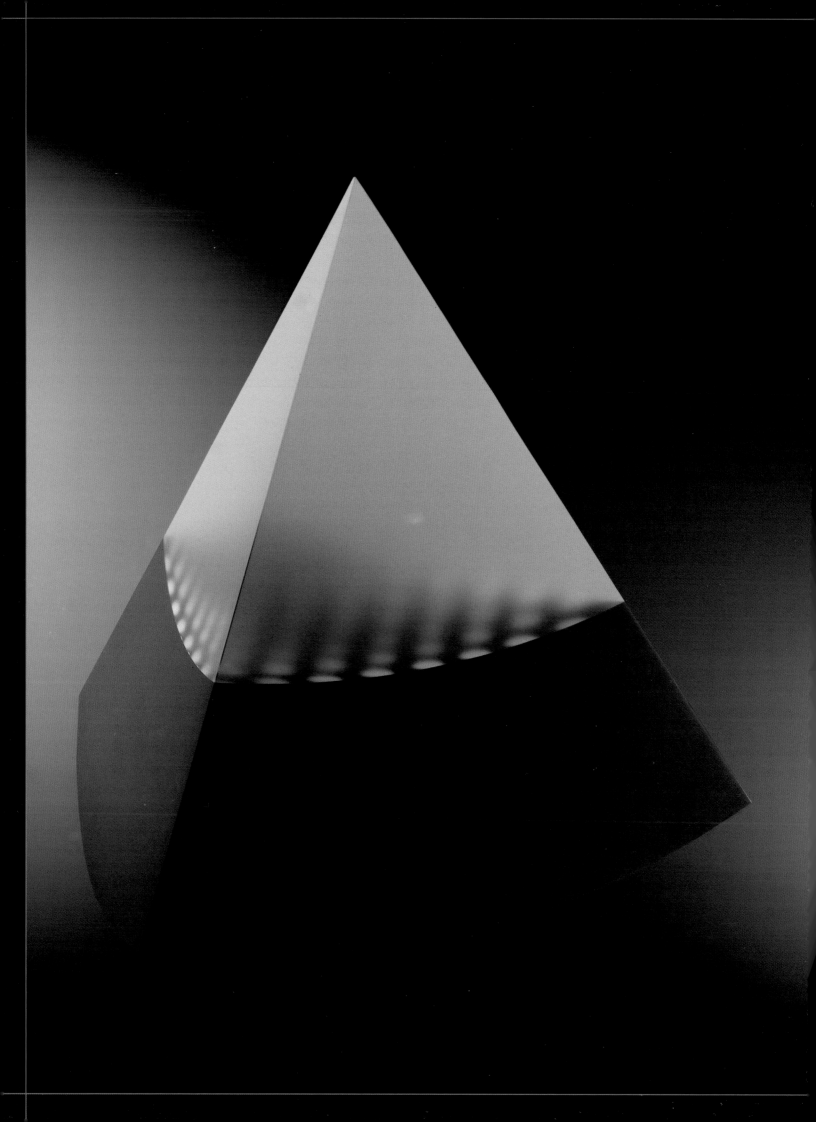

objecten, verlichtingselementen, landschapsprojecten en objecten in de architectuur werden als bijzonder inspirerend ervaren. Ook hier wordt de filosofie van Lao Tse manifest dat de volmaakte mens creëert door niet in te grijpen. Hij maakt duizenden dingen zonder aanwijzingen, zonder dwang en zonder de behoefte er in te willen voortleven. De wijzen veroorloven zich heel wijs geen ingrijpen omdat juist in het handelen zonder ingrijpen de essentie van ordelijk regeren is verborgen.

De andere belangrijke inspiratiebron voor Hlôška is de chaostheorie. Deze theorie omvat, naast de ontdekking van de fraktalen van Mandelbrat, een nieuwe kijk op de geometrie van de natuur. 'Fraktalen geven door het oog van de verbeelding de mogelijkheid om de oneindigheid te kunnen bekijken'. Hoe deze fraktalen in het werk van Hlôška worden uitgedrukt, zien we in het glasobject *Jungle*. Karakteristiek voor dit object is het veelvoudige, spiegelende kleurenspectrum dat het resultaat is van een optisch spel van structuren, ontstaan door het aanbrengen van dunne laagjes metaal. De uitkomst hiervan is een glas-

plastiek die de deur naar de fantasie openzet. Dit spel met structuren, zo kenmerkend voor de studenten van Cígler, speelt bij Hlôška een dominante rol. Als jonge kunstenaar schonk hij, meer dan de anderen, veel aandacht aan het maken van sieraden, ingegeven door zijn goed ontwikkelde gevoel voor de volmaaktheid van het vrouwenlichaam. Als voorbeeld hiervan in de collectie Jonker-Zaremba kan het glasobject *Katkovaný* uit 1993 worden genoemd, waarin Hlôška laagjes platina met helder en zwart glas op betoverende wijze combineert. Volgens de kunstenaar zijn in dit object zijn herinneringen aan de gestippelde kousen van een vriendin gematerialiseerd...

Tot de geometrische vormen die Hlôška in zijn werk toepast, behoort de sferische kubus waarvan hij een hele reeks heeft gemaakt. Een onderdeel van deze serie vormt de glasplastiek *Architektúra* uit 2002, die zich eveneens in de verzameling Jonker-Zaremba bevindt. In het slanke lichaam van dit object is het spel van het opkomen en verdwijnen van gouden structuren te zien. Deze dynamische compositie verraadt opnieuw de mathematicus in Hlôška

them. The sages are wise to make no interventions because the essence of orderly rule lies precisely in acting without intervening.

Hlôška's second major source of inspiration is chaos theory. This encompasses both Mandelbrat's discovery of fractals and a new way of looking at the geometry found in nature. 'Fractals give us a way of looking at infinity through the eye of the imagination.' Hlôška's glass object *Jungle* shows how fractals are reflected in his work. The object features a multiple, mirrored colour spectrum produced by an optical interplay of structures created by the application of thin layers of metal. The result is a glass sculpture that throws open the doors of the imagination. Playing with structures in this way is a typical trait of Cígler's students and Hlôška's work is dominated by the approach. As a young artist, he was unusually interested in jewellery-making, inspired by his well-developed feeling for the perfection of the female physique. One example of this in the Jonker-Zaremba collection is the 1993 glass object *Katkovaný*, in which Hlôška combines

layers of platinum with layers of clear and black glass in a bewitching way. According to the artist, the object is inspired by his memories of a girlfriend's stippled stockings...

The geometrical shapes used by Hlôška in his work include the spherical cube, of which he has produced a whole series. One of them is a 2002 sculpture called *Architektúra*, which is also in the Jonker-Zaremba collection. Within the slender body of the object, golden structures emerge and disappear before the viewer's eyes. This dynamic composition once again betrays the mathematician in Hlôška, who has applied Lobočenský's divergence theory in this object. Reflective structures featuring gold also play a role in a design entitled *Narcissus* (in the collection of the Hans van der Togt Museum, Amstelveen). In this case, the gold has been applied to the glass using a vapour deposition method. The artist himself was surprised and delighted by the unprecedented reflectivity that resulted, discovering more or less by accident that gold applied to glass

die in dit object de divergentietheorie van Lobočenský toepast. Spiegelende structuren met goud spelen ook een rol in zijn ontwerp *Narcis* (collectie Museum Hans van der Togt, Amstelveen). Het goud is hier met behulp van een opdamptechniek op het glas aangebracht. De kunstenaar zelf was aangenaam verrast door de ongekende helderheid van de spiegeling die hiervan het gevolg was. Zo komt hij min of meer per toeval tot de ontdekking dat goud, aangebracht op glas, als een optische versterker werkt. Een beter bewijs voor zijn intuïtieve vindingrijkheid kan niet worden geleverd!

Onder de vele geometrische vormen gaat de voorkeur van Hlôška naar de tetraëder uit. De tetraëder is het eenvoudigste geometrische lichaam dat een symmetrische vorm heeft ongeacht de wijze waarop het wordt doorsneden. Omdat het lichaam niet de mogelijkheid heeft zich uit te vouwen, wordt het als de meest onveranderlijke vorm beschouwd.

In het werk van Hlôška zien we vaak modificaties van twee, vaak over het hele oppervlak met metaal beklede tetraëders. In dunne aflopende hexaëders en pilaren zijn aanknopingspunten met de architectuur aanwezig. De maatvoering verwijst naar rustige ruimten waarin horizontale lijnen naar voren komen die met spiegelfolie zijn bekleed.

Van een geheel ander karakter zijn de glazen schotels *UFO* die gemaakt zijn van helder optisch glas dat gemetalliseerd is. Deze objecten imponeren door hun glanzende lijnen en door hun geheimzinnige kleuronderscheid onder een mat oppervlak.

Sinds 1993 realiseert Hlôška veel architectonische objecten als glazen fonteinen, luchters, scheidingswanden en liftschachten. Hierbij past hij vaak de techniek toe van het onder vacuüm aanbrengen van dunne laagjes metaal op glazen platen die al eerder van een structuur zijn voorzien. Deze worden vervolgens met elkaar verlijmd, een werkwijze die tot imposante composities leidt. Goede voorbeelden hiervan zijn een project voor het Wall Centre in Vancouver (1994) en een ontwerp voor het veiligheidsglas van de Millennium Bridge in London (1996).

Hlôška maakt gebruik van oude technieken als smelten en slijpen. Vooral op het gebied van slijpwerk is hij een vir-

amplifies optical effects. Better proof of his intuitive ingenuity would be hard to find!

Of all the many geometrical shapes that exist, Hlôška's favourite is the tetrahedron. The tetrahedron is the simplest geometrical structure that is invariably symmetrical in cross-section. Because the structure cannot be unfolded, it is regarded as the most invariable shape.

Hlôška's work often features modifications of two tetrahedrons, frequently with their surfaces entirely clad in metal. Thin, sloping hexahedrons and pillars display similarities to architecture. Their dimensions refer to restful spaces, in which horizontal lines emerge clad with mirror film.

His *UFOs* made of clear metallised optical glass are objects of a completely different type. Their shining lines and mysterious colour contrasts under a matt surface make them an imposing sight.

Since 1993, Hlôška has produced many architectural objects, such as glass fountains, chandeliers, partitions and lift shafts. In these, he often uses a vacuum tech-nique to apply thin layers of metal to previously textured sheets of glass. These are then glued together to produce imposing compositions. Good examples of these are a project for the Wall Centre in Vancouver (1994) and a design for the safety glass on the Millennium Bridge in London (1996).

Hlôška uses traditional techniques like melting and cutting. He is a particularly virtuoso glass-cutter with a great sense of accuracy, which has grown under the influence of Lubomír Artz, with whom he has collaborated ever since he was a student. But Hlôška also employs modern techniques like glueing or vacuum cladding glass with ultra thin layers of metal, which were only invented in the second half of the twentieth century and refined thanks to Václav Cígler. In his sculptures of the 1970s and early '80s, for example, Cígler experimented with blocks of glued sheet glass. As can be seen in a 1987 object entitled *Pyramída*, now in the Jonker-Zaremba collection, initial experiments of this kind sometimes produced striped effects.

tuoos met een groot gevoel voor nauwkeurigheid dat is versterkt onder invloed van Lubomír Artz met wie hij al sinds zijn studietijd samenwerkt. Maar ook moderne technologieën als vacuümbekleding met ultradunne metalen laagjes en verlijming worden door Hlôška toegepast. Deze technieken zijn in de tweede helft van de twintigste eeuw ontstaan en verder ontwikkeld dankzij Václav Cígler. Zo experimenteerde Cígler in zijn sculpturen uit de jaren zeventig/begin jaren tachtig met blokken verlijmd tafelglas. Zoals het object *Pyramída* in de collectie Jonker-Zaremba 1987 laat zien, leidden deze experimenten in de beginperiode tot streepeffecten.

Hlôška heeft zich echter niet alleen met het maken van glasobjecten bezig gehouden. Zo werd mede dankzij hem in 1993 in Zlatno een glasworkshop gehouden en vonden in de periode 1994-2000 maar liefst vier glassymposia in Lednické Rovné plaats. Mede dankzij deze initiatieven werd aan de ontwikkeling van modern glas in Slowakije, ondanks de slechte economische situatie, een sterke impuls gegeven.

115

Hlôška has not, however, confined himself to the creation of glass objects. It was partly thanks to him that a glass workshop was held in Zlatno in 1993 and that no fewer than four glass symposiums took place in Lednické Rovné over the 1994-2000 period. These initiatives have done much to encourage the continuing development of modern Slovak glass despite the poor economic situation of the region.

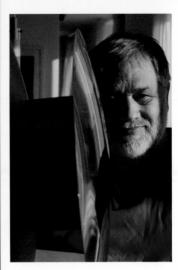

## Prijzen/Awards

**1977** Prijs voor toegepaste kunst/
Award for Applied Arts, Bratislava
**1982** Juryprijs/Jury Prize,
3.Quadrennial, Erfurt
**1992** WWC Prize, Interplays 92,
Bratislava
**1993** Grand Prix, Glass Triennial,
Nürnberg
**1994** Eerste prijs/First Prize, Fine
Bowls of Slovakia, Design Centre
**1998** Gouden prijs/Gold Prize,
International Exhibition of Glass,
Kanazawa

## Solotentoonstellingen/
## Solo exhibitions

**1987** Gallery Atrium, Praag/Prague
**1988** Galéria C. Majerníka,
Bratislava
**1990** Gallery Suzel Berna, Antibes/
Parijs/Paris
**1995** Galerie Rob van den Doel,
Den Haag/The Hague
**1996** The Studio Glass Gallery,
Londen/London
**1997** Galéria NOVA, Bratislava;
Galerie Jaroslava Krála, Dům umění,
Brno; Gallery du Verre, Luxembourg
**1999** Habatat Galleries, Florida;
Galerie Rob van den Doel,
Den Haag/The Hague;
Galerie na Jánském, Vršku,
Praag/Prague
**2001** Galerie Pokorná, Praag/
Prague
**2002** Galéria 'Z', Bratislava
**2003** Slovenská Sporiteľňa Galéria,
Bratislava
**2004** Jean-Cloude Chappelotte
Galerie, Luxembourg

## Ruimtelijk werk/
## Works in architecture

**1985** Hospital, Bratislava
**1992** Hotel Boby, Brno
**1996** Verbond van Verzekeraars/
Dutch Association of Insurers,
Den Haag/The Hague
**1998** National Glass Centre,
Sunderland

## Werk in/
## Works displayed at

Ministerstvo kultúry, Bratislava;
Slovenská národná galéria,
Bratislava; Glass Museum, Graz;
Bond van Verzekeraars, Den Haag/
The Hague; Victoria & Albert
Museum, London; Nationale
Nederlanden, Rotterdam;
Shimonoseki Museum of Modern
Arts, Sapporo; Muzeum IGS, Zámek
Lemberk

# Štěpán Pala

**1944, Zlín, Tsjecho-Slowakije/Czechoslovakia**

**1959-1963** SOŠS (Middelbare glasschool/Secondary School
for Glassmaking), Kamenický Šenov
**1966-1967** ontwerper bij glasfabriek/designer at glassworks Lustry,
Kamenický Šenov

**1967-1968** glastechnicus bij glasfabriek/glass technician at glassworks
Borské sklo, Nový Bor
**1975** Kunstacademie, afdeling Glas in architectuur/
Academy of Fine Arts, Glass in Architecture Department, Bratislava
**2001** Gasthoogleraar/Visiting Professor, University of Sunderland

*Bridegroom*, 1992, verzaagd, verlijmd, gepolijst optisch glas/ cut, glued, polished optical glass, d. 40 cm

object, 1995, verzaagd, gepolijst en verlijmd optisch glas/cut, polished and laminated optical glass, d. 20 cm

*Tension*, 1993, gegoten/cast, vervormd/slumped, verzaagd/cut, gepolijst robijnglas/polished ruby glass, d. 40 cm

*Growth*, 1995, gegoten/cast, verzaagd/cut, gepolijst optisch glas/polished optical glass, verlijmd/glued, d. 35 cm

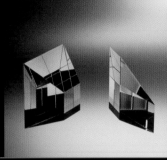
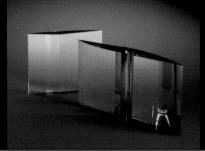

object, 1992, verzaagd/cut, gepolijst optisch glas/polished optical glass, h. 5 cm

*Triptique*, 1989, verzaagd/cut, gepolijst optisch glas/ polished optical glass, h. 11 cm

*Window*, 1991, verzaagd en gepolijst glas/polished and cut glass en rood glas/and red glass, h. 25 cm

*Perspective*, 1982, gegoten/cast, verzaagd/cut, deels gepolijst/partly polished, blauw en grijs/blue and grey, h. 20 cm

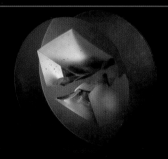

*Mystery*, 1995, verzaagd/cut, gepolijst/polished, optisch glas/ optical glass, verlijmd/laminated, d. 21 cm

*Opal Space*, 2000, gegoten/cast, verzaagd/cut, verlijmd optisch en opaalglas/laminated optical and opal glass, d. 60 cm

object, 1995, verzaagd helder en blauw optisch glas/ cut clear and blue optical glass, verlijmd/laminated, d. 20 cm

*Crackle*, 1994, gegoten/cast, verzaagd/cut, gepolijst optisch glas/polished optical glass, d. 18 & 22 cm

*Pink Perspective*, 1990, verzaagd/cut, gepolijst helder optisch glas/polished clear optical glass en roze glas/ and pink glass, d. 48 cm

object, 1995, verzaagd, verlijmd optisch en gekleurd glas/ cut, glued optical and coloured glass, h. 20 cm

sieraad/jewellery, kubus van optisch glas met zilverkleurige halsband/optical glass cube with silver-coloured necklet, h. 4.5 cm

sieraad/jewellery, driehoek van optisch glas met zilverkleurige halsband/optical glass triangle with silver-coloured necklet, d. 9 cm

sieraad/jewellery, 'diamant' van optisch glas met goudkleurige halsband/optical glass 'diamond' with gold-coloured necklet, d. 5 cm

sieraad/jewellery, optisch glas met twee blauwe 'ogen'/ optical glass with two blue 'eyes', d. 9.5 cm

## Zijn opleiding

De artistieke loopbaan van Štěpán Pala nam in 1959 zijn aanvang met het toelatingsexamen voor de Middelbare school voor glasverwerking in Kamenický Šenov (Tsjechië), de oudste glasschool in Midden Europa (1856 opgericht). Hier werd les gegeven in alle aspecten van glas, waaronder het beschilderen maar ook het maken van verlichtingselementen. Toen Pala deze opleiding in 1963 had afgerond, speelde hij met de gedachte binnenhuisarchitectuur of beeldhouwkunst te gaan studeren, maar eerst moest hij twee jaar in militaire dienst. Na de vervulling van zijn dienstplicht werd hij echter glasontwerper bij een groot bedrijf voor verlichtingselementen, de fabriek Lustry in Kamenický Šenov. Deze baan werd vervolgens verruild voor die van smeltmeester in de glasfabriek van Nový Bor, terwijl Pala intussen lessen in beeldhouwen volgde in het atelier van Jiří Hovorka. Na ampele overwegingen of hij in Praag of Bratislava verder zou gaan studeren, koos Pala uiteindelijk voor de *Afdeling glas in architectuur* aan de kunstacademie in Bratislava waar Václav Cígler de leiding gaf. Doorslaggevend voor deze keuze was de grote bekendheid die Cígler al in die tijd had. Voordat Pala overigens in 1969 zijn studie aanving, had hij al veel praktijkervaring in glasateliers en glasfabrieken opgedaan. Zes jaar later zou hij op 31-jarige leeftijd afstuderen. Op deze afdeling ontmoette hij Zora Palová die in 1971 als student aankwam. Uit deze ontmoeting groeide een hechte relatie, zowel op het persoonlijke vlak waaruit hun huwelijk resulteerde als op het gebied van de glaskunst.

## Zijn oeuvre

Het werk van Štěpán Pala dient gezien te worden in het licht van het structurisme, de wetenschap die zich richt op het onderzoek naar de structuur van het object, waarbij aan het geheel de voorrang wordt gegeven boven de afzonderlijke delen. In de beeldende kunst komt het structurisme vooral tot uiting in het constructivisme en concretisme. Constructie vormt de rode draad in het werk van Pala die voortdurend op zoek is naar nieuwe oplossingen. Midden jaren zeventig ontdekte hij de tetraëder, de meest eenvoudige ruimtelijke

## Training

Štěpán Pala's artistic career began in 1959, when he sat the entrance exam for the Secondary School for Glassmaking in Kamenický Šenov (Czech Republic). Founded in 1856, this is the oldest glass school in Central Europe. It taught all aspects of glass, from glass-painting to the creation of lighting fixtures. When Pala completed his training there in 1963, he played with the idea of going on to study interior design or sculpture, but first had to complete two years of compulsory military service. At the end of this period, he got a job as a glass designer for Lustry, a major manufacturer of lighting fixtures in Kamenický Šenov. He subsequently swapped this post for that of smelting master at the Nový Bor glassworks, which he occupied while at the same receiving sculpture lessons at the studio of Jiří Hovorka. After considering at length whether to pursue his studies in Prague or Bratislava, Pala eventually opted for the *Glass in Architecture* Department at the Academy of Fine Arts in Bratislava, where Václav Cígler was head of department. The key factor in his decision was Cígler's already enormous reputation. Before Pala enrolled there, however, he had already gained extensive practical experience in glass studios and industrial glassworks. He would graduate six years later, at the age of 31. In the meantime, he met Zora Palová, who enrolled as a student in the department in 1971. The result was a close professional and personal relationship which culminated in their marriage and has continued ever since.

## Oeuvre

Štěpán Pala's work should be viewed in the light of structuralism, a scientific approach which is concerned with the investigation of the structure of objects and gives priority to the overall structure rather than the separate parts. In the visual arts, structuralism generally takes the form of constructivism and concretism. Construction is the leitmotiv in the work of Pala, who is always in quest of new solutions. In the mid-'70s he discovered the tetrahedron, the simplest of all three-dimensional shapes. His art, like that of Václav Cígler, is based on order as a result of

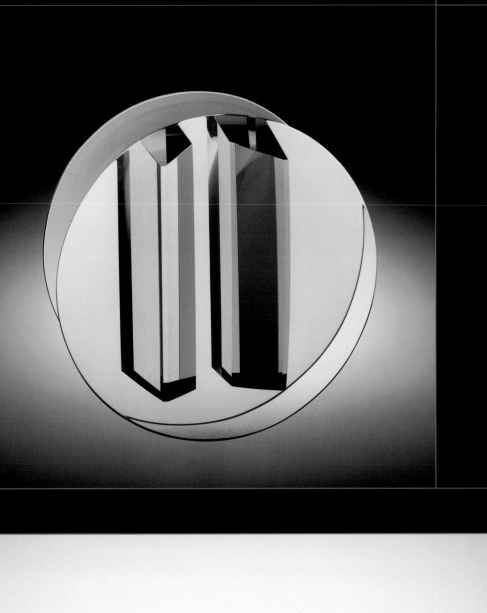

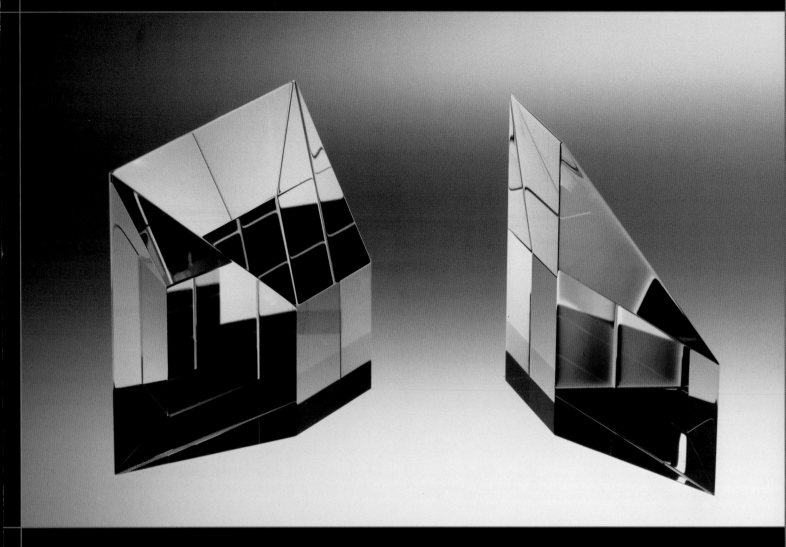

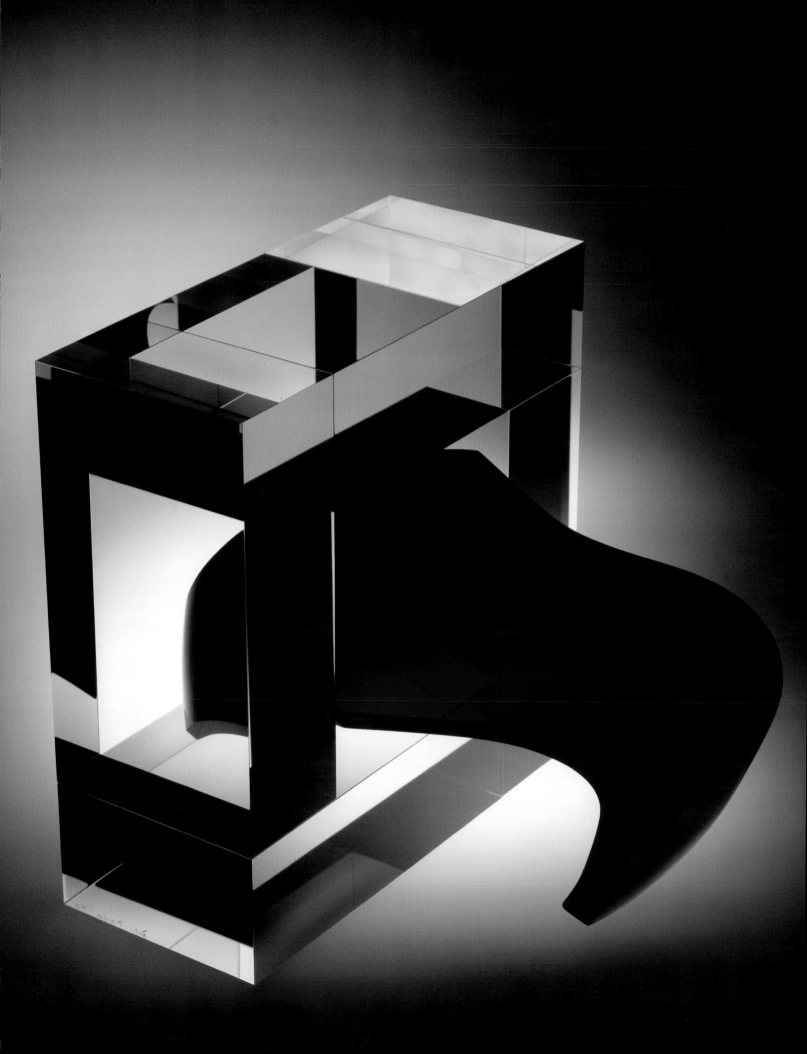

vorm die er bestaat. Net als aan het werk van Václav Cígler ligt orde als resultaat van geordende verhoudingen aan de basis van de glaskunst van Pala. Zijn objecten zijn de uitkomst van analyses in de vorm van tekeningen en ruimtelijke, constructieve objecten. Deze analyses kunnen gezien worden als vingeroefeningen voor zijn ontwerpen in glas, maar zijn ook op zichzelf krachtig genoeg om als kunstwerk te functioneren.

Al sinds het einde van de jaren zeventig houdt Pala zich bezig met de zogenaamde grafische partituren. Dit zijn met Oost-Indische inkt gemaakte tekeningen waarin hij reageert op de structuur van het notenschrift dat in de muziek wordt gebruikt door deze te modificeren en transformeren. Met behulp van metronomen maakt hij geluidsopnamen van ritmische structuren en zoekt hij naar de mogelijke synthese tussen beide. Daarnaast onderzoekt hij ook de mogelijkheid om tot geluidsinterpretaties te komen van de op deze wijze verkregen, grafische partituren.

Vanaf 1998 werkt Pala aan gekleurde partituren en tekeningen die de basis vormen van zijn glazen objecten.

Deze tekeningen worden gekenmerkt door een geometrie zoals die door een kunstenaar wordt gebruikt, niet door een wiskundige. Daarom is het niet mogelijk ze te beoordelen op basis van een gecodificeerd resultaat aangezien het van zichzelf kunstwerken zijn. De tekeningen verhalen niet van de zekerheid van een constructie, maar van onzekerheid, zoektocht en twijfel. Wij moeten hier opnieuw aan Václav Cígler denken die in poëtische bewoordingen stelt dat zijn 'kennis wordt verrijkt door de verkenning van de leegte'.

## Variaties in optisch glas

De constructies en composities in glas van Štěpán Pala zijn zo bijzonder omdat ze volkomen doordacht zijn. In de collectie Jonker-Zaremba is goed de ontwikkeling van zijn werk te volgen. Van het begin van de jaren tachtig dateert het object *Perspectief* waarin het om de pure geometrie gaat. Het is een compositie in optisch geslepen glas die verwijst naar het fenomeen groei. De jaren negentig worden ingeleid door de robijnrode plastiek *Object*,

controlled proportions. His objects are the result of analyses in the form of drawings and three-dimensional, constructive objects. These analyses can be viewed as simple exercises preceding his designs in glass, but are also powerful enough to function as works of art in their own right.

From as far back as the late '70s, Pala has been producing 'graphic scores'. These are Indian ink drawings in which he responds to the structure of musical notation by modifying and transforming it. Using metronomes, he makes sound recordings of rhythmical structures and looks for the possible synthesis between the two. In addition, he explores the possibility of producing acoustic interpretations of the graphic scores that result.

Since 1998, Pala has been producing coloured scores and drawings which provide the basis for his glass objects. Since these drawings feature an artistic, rather than mathematical, use of geometry, they cannot be judged on the basis of codified results. They are works of art in their own right. The drawings bear witness not to the certainty of a construction, but to uncertainty, searching

and doubt. They are reminiscent of Václav Cígler's poetic statement that his 'knowledge is enriched by the exploration of emptiness'.

## Variations in optical glass

Štěpán Pala's constructions and compositions in glass are exceptionally intellectual in their conception. The evolution of his approach can be followed step by step in the Jonker-Zaremba collection. The period of the early '80s is represented by *Perspective*, an optical glass object concerned purely with geometry and referring to the phenomenon of growth. The 1990s commence with a ruby-red lead crystal sculpture entitled *Object*. This is followed by *Priestorový objekt*, another optical glass object, constructed of four triangles glued together. Made at the special request of Valentine Zaremba, this piece actually inspired Pala to strike out in a new direction. Next, there is a sculpture which Pala himself calls *Conus* and which dates from the second half of the '90s. This is the first of a series of glass objects involving concepts like masculinity and

vervaardigd uit loodkristalglas. De glasplastiek *Priestorový objekt* van eveneens optisch glas, dat uit een viertal verlijmde driehoeken is vervaardigd, is speciaal op verzoek van Valentine Zaremba gemaakt en inspireerde Pala zelfs om een andere richting uit te gaan. Uit de tweede helft van de jaren negentig stamt een plastiek die Pala zelf met de naam *Conus* aanduidt. Het is de eerste uit een reeks glasobjecten waarin begrippen als masculien en feminien een rol spelen. Het object *Mannelijke punt* is een werk dat representatief is voor zijn monumentale series *Levitaties* en *Dimensies*. Pala past hier exact geslepen optisch glas toe waardoor de objecten min of meer gedematerialiseerd worden. Daarnaast maakt hij gebruik van de indrukwekkende kleurenrijkdom van gemodelleerd en gesmolten optisch glas, op een zodanige wijze dat deze plastieken dankzij de doorzichtige schijven als zwevende objecten overkomen. Een nog groter object in de collectie Jonker-Zaremba is *Belasý priestor* uit 2001/2002 dat een diameter heeft van maar liefst 60 cm. De verzameling bevat verder een kubus uit 1995 die gemaakt is van gesmolten glas.

Deze behoort tot een serie die wordt gekenmerkt door het ingenieus 'degenereren' van glas.

Tijdens de tentoonstelling *Harmonie in glas* die in 2003 in de expositieruimte van een Slowaakse spaarbank in Bratislava plaatsvond, lieten Štěpán Pala en zijn vrouw Zora Palová recent werk zien uit 2002 en 2003. De innerlijke kracht die deze objecten uitstraalden, hun mysterieuze karakter, de grote afmetingen die binnen de richting waaruit zij voortkomen tot nu toe niet overtroffen zijn, de volmaaktheid van afwerking, de schoonheid van het glas dat zij gebruiken, dit alles getuigt niet alleen van hun onovertroffen meesterschap, maar ook van het gedachtegoed van de school van Václav Cígler.

femininity. *Masculine Point* is representative of the two monumental series *Levitations* and *Dimensions*, in which Pala uses precision-cut optical glass to give the objects an ethereal air. In addition, he makes use of transparent discs and the impressive range of colours available in modelled and melted optical glass to produce an illusion that the objects are actually floating in space. A still larger object in the collection is *Belasý priestor*, which measures no less than 60 cm in diameter and dates from 2001/2002. The collection also includes a cube dating from 1995 and made of kilncast glass. This is one of a series featuring the ingenious 'degeneration' of glass.

At the *Harmony in Glass* exhibition held in 2003 in the exhibition area of a Slovak savings bank in Bratislava, Štěpán Pala and his wife Zora Palová showed recent work produced in 2002 and 2003. The inner strength radiated by these objects, their mysterious character, size (unparalleled in this school of art glass) and perfect finish, together with the beauty of the material used, all bear witness not only to the artists' unsurpassed mastery of the medium, but also to the intellectual achievements of the school of Václav Cígler.

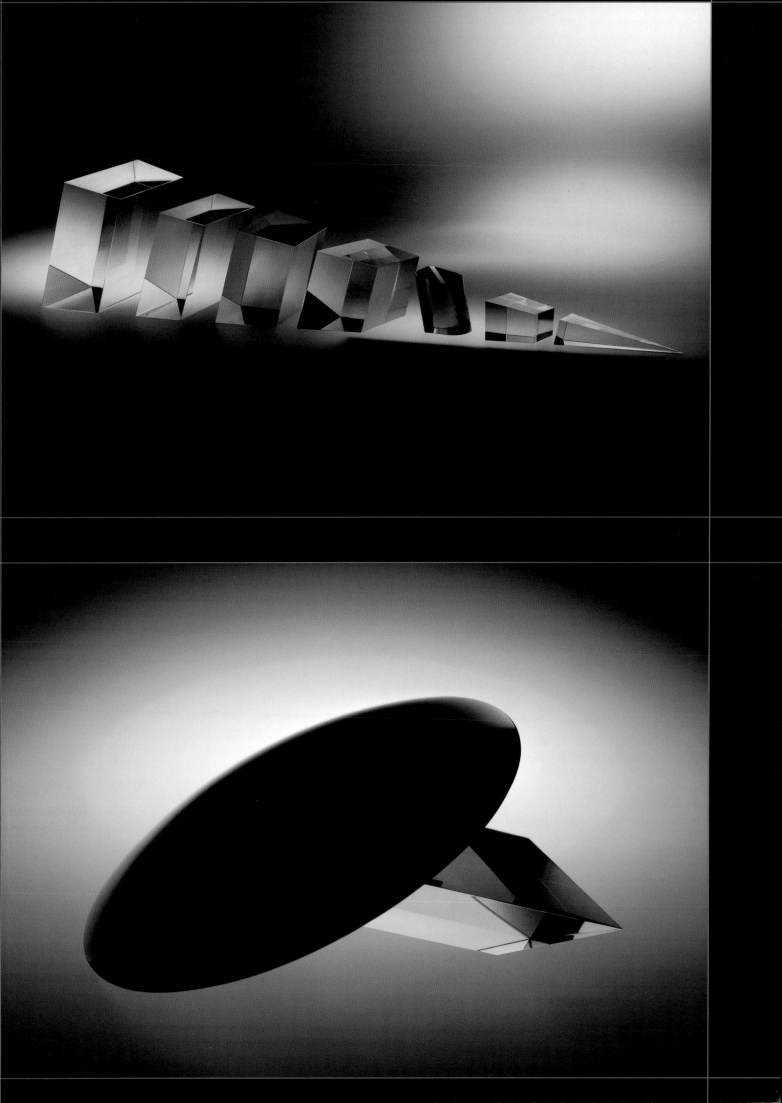

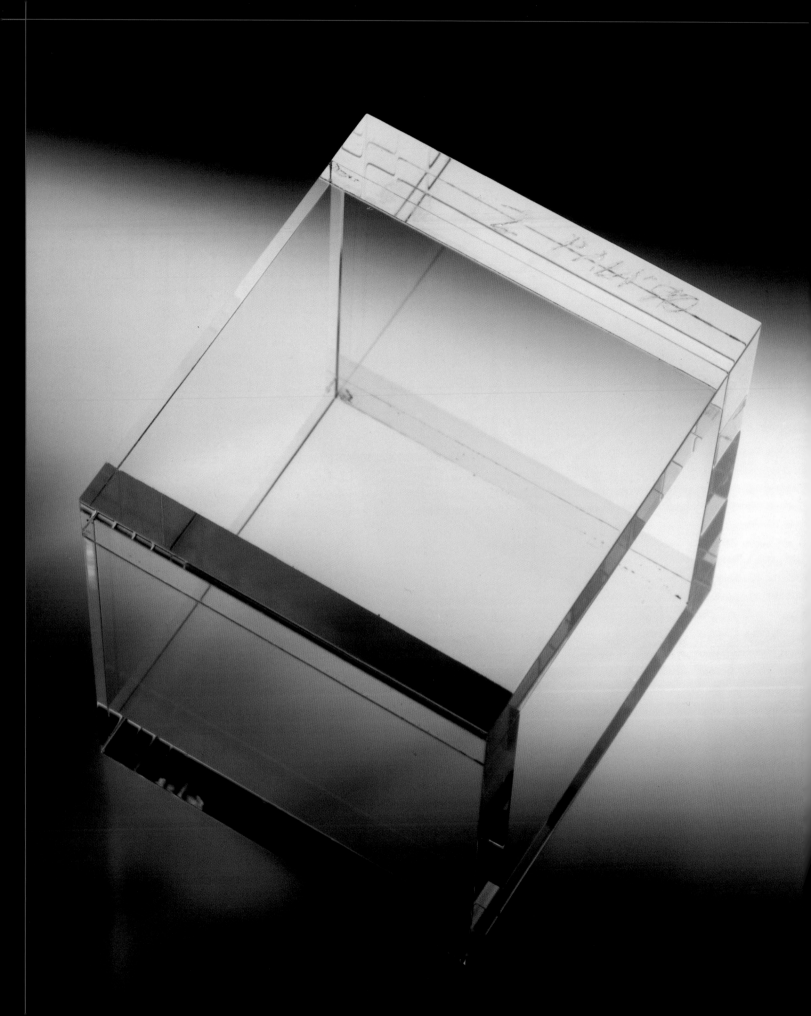

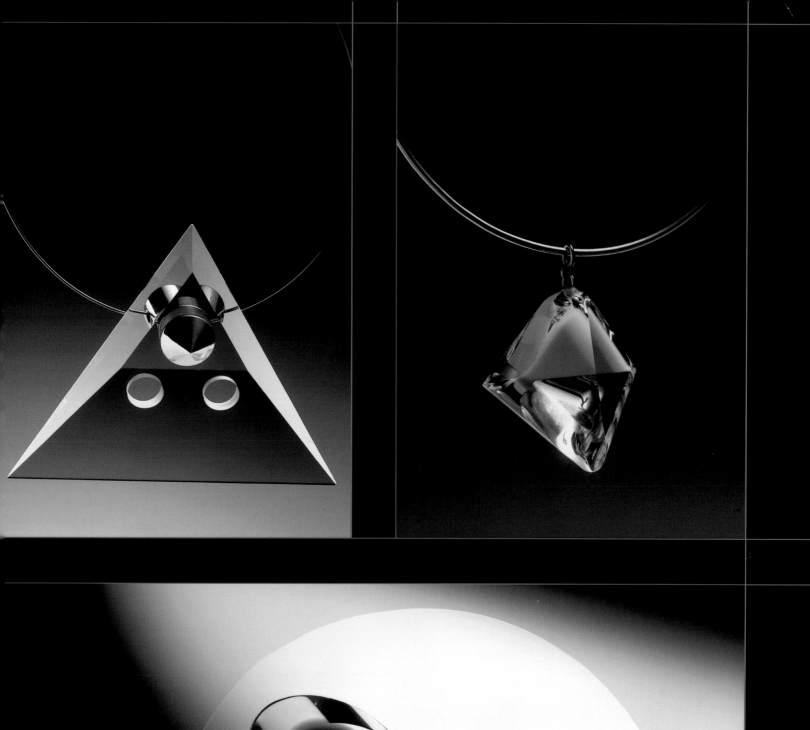

## Prijzen/Awards

**1992** WCC Europe Award for
Contemporary Craft, Interplays'92,
Bratislava
**1993** Triennial Prix, Nürnberg
**2000** Eervolle vermelding/
Honourable Mention, Koganezaki
Glass Museum

## Solotentoonstellingen/
## Selected solo exhibitions

**1982** Štúdio Dielo, Bratislava
**1990** Gallery Suzel Berna, Antibes/
Parijs/Paris
**1993** Galéria Cypriána Majerníka,
Bratislava
**1999** Habatat Galleries, Florida
**2000** Jean-Claude Chappelotte
Galerie, Luxembourg
**2001** Galerie Pokorná,
Praag/Prague
**2002** Slovenská Sporiteľňa Galéria,
Bratislava
**2004** Jean-Claude Chappelotte
Galerie, Luxembourg

## Ruimtelijk werk/
## Selected works in architec-
## ture

**1985** Slovak Boadcast, Bratislava
**1991** Care Restaurant, Brno
**1994** Sculpture Park, Goodwood
**1996** Verbond van Verzekeraars/
Dutch Association of Insurers,
Den Haag/The Hague
**1998** National Glass Centre,
Sunderland
**2004** Media Centre, University
of Sunderland, Sunderland

## Werk in/
## Works displayed at

Ulster Museum, Belfast; Slovenská
národná galéria, Bratislava; Glass
Museum, Koganezaki; Victoria &
Albert Museum, Londen/London;
Uměleckoprůmyslové muzeum,
Praag/Prague; Nationale
Nederlanden, Rotterdam; Museum
of Modern Art, Shimonoseki;
Muzeum IGS, Zámek Lemberk

# Zora Palová

**1947, Bratislava, Tsjecho-Slowakije/Czechoslovakia**

**1959-1963** SŠUP (Middelbare kunstnijverheidsschool, afdeling hout-
bewerking/Secondary School for Applied Arts, woodcarving department),
Bratislava
**1971-1975** Kunstacademie, afdeling Glas in architectuur/
Academy of Fine Arts, Glass in Architecture Department, Bratislava

**1996 -** Onderzoekshoogleraar/Research Professor, University of Sunderland
**2003 -** Gasthoogleraar/Visiting Professor, University of Sunderland

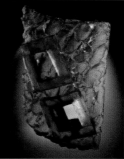

*Well*, 1993, gegoten/cast, verzaagd/cut blauw glas/blue glass, d. 19 cm

*Curtain*, 1994, gegoten/cast, verzaagd/cut, gepolijst/polished, met bladgoud bedekt topaasglas/ topaz glass covered with gold leaf, h. 21 cm

*Window*, 1995, gegoten grijsroze glas/cast greyish pink glass, h. 34.5 cm

*King*, 2000, gegoten en verzaagd purper glas/cut and cast purple glass, h. 100 cm

*Space*, 1996, gegoten en verzaagd grijsbruin glas/cast and cut greyish brown glass, h. 12.5 cm

*The Name of a Deep Well in Space*, 1993, gegoten/cast, deels verzaagd groen glas/partly cut green glass, h. 60 cm

*Couple*, 1991, verzaagd grijs kristalglas/cut grey crystal glass, d. 20 & 21 cm

## Beeldhouwer in glas

Een goede monografische beschrijving van Zora Palová is nauwelijks mogelijk wanneer voorbij wordt gegaan aan Štěpán Pala met wie zij sinds 1971 een onverbrekelijke twee-eenheid vormt. De basis hiervan werd in 1970 gelegd toen in Praag een tentoonstelling plaatsvond van het werk van de studenten van Václav Cígler. Deze expositie maakte een zo grote indruk op Palová dat zij besloot om in 1971 haar studie aan de kunstacademie in Bratislava, waar zij sinds 1969 bij Ladislav Čemický lessen in schilderen volgde, aan de glasafdeling voort te zetten. Hier zou zij Pala ontmoeten die twee jaar eerder aan de afdeling *Glas in architectuur* zijn opleiding was begonnen.

Zora had van 1963-1967 de Middelbare school voor Toegepaste Kunsten in Bratislava gevolgd waar zij veel ervaring opdeed met materialen die in de beeldhouwkunst worden gebruikt zoals klei, gips en hout. Daarna was zij naar het buitenland vertrokken om in 1969 in Londen met succes bij Henry Moore (1898-1986) het examen beeldhouwkunst af te leggen. Toen al beschikte Palová over eigenschappen als durf, impulsiviteit, dynamiek en een gevoel voor proporties die zij wist te vertalen in monumentale objecten. Deze plastieken waren veelal van grote afmetingen omdat *hand size* voorwerpen haar niet konden bekoren. Grote formaten zijn ook kenmerkend voor de glasobjecten die Zora aan het eind van de jaren tachtig begon te maken. Met dit werk behoort zij eigenlijk meer tot de Tsjechische school van de beroemde glaskunstenaar Stanislav Libenský.

De glasobjecten die Zora Palová sinds het begin van de jaren negentig realiseert, hebben een dramatische zeggingskracht die doet denken aan de kunstuitingen van het abstract expressionisme. Zij verbeelden tegenstrijdige gevoelens en motieven die door kleur, vorm en structuur worden samengebonden. De objecten van Zora zijn als het ware in glas gestolde stemmingen en gedachten waarin met vormen en kleuren gevoelens van absurditeit, innerlijke strijd maar ook vrijheid en durf worden verbeeld.

Een voorbeeld hiervan in de collectie Jonker-Zaremba is het object met de intrigerende titel *De naam van een diepe bron is de ruimte* uit 1993. Door zijn maatvoering en de toen

## A glass sculptor

It is almost impossible to write about Zora Palová without mentioning Štěpán Pala, with whom she has formed an inseparable partnership ever since 1971. The foundation for their relationship was laid in 1970, when an exhibition of work by students of Václav Cígler was held in Prague. Palová had been studying painting since 1969 under Ladislav Čemický at the Academy of Fine Arts in Bratislava, but she was so impressed by the exhibition that she decided to switch to the academy's *Glass in Architecture* Department the following year. That was where she met Pala, who had enrolled there two years earlier.

Zora had attended the Bratislava Secondary School for Applied Arts between 1963 and 1967, gaining wide experience with the creation of sculptures in materials like clay, plaster and wood. Thereafter, she had gone abroad to London, where in 1969 she studied successfully under Henry Moore (1898-1986). Even then, she possessed qualities of daring, impulsiveness, dynamism and a feeling for proportions which she was able to translate into monumental objects. The sculptures she produced were generally large in size because hand-sized objects simply held no appeal for her. Large dimensions are also typical of the glass objects that Zora began to create in the late '80s — works which have more in common with the Czech school of the renowned glass artist Stanislav Libenský.

Since the early '90s, Zora Palová's glass objects have possessed a dramatic power reminiscent of the works of Abstract Expressionist artists. They give visual expression to conflicting emotions and motifs united by colour, form and structure. Zora's objects are, as it were, moods and thoughts captured in glass and reflecting feelings of absurdity, inner conflict or — by contrast — liberty and audacity.

One example, now in the Jonker-Zaremba collection, is a 1993 object intriguingly entitled *The Name of a Deep Well is Space*. The size of this piece and its triangular composition (then very typical of Palová's work) place this sculpture in a group of kilncast glass objects in which Palová has applied the principle of negative relief.

voor het werk van Palová zo typerende driehoekscompositie, behoort deze glassculptuur tot die groep objecten van gesmolten glas waarin zij het principe van een negatief reliëf toepast. Het resultaat hiervan is dat de glasmassa als het ware wordt ontlast, terwijl elementen als licht en kleur bepalend zijn voor de wijze waarop het kunstwerk zich aan de beschouwer voordoet. De dramatische werking van de objecten wordt geaccentueerd door matte, onbewerkte delen te contrasteren met glanzende oppervlakken en door in de hoofdvorm een vorm van een andere grootte te integreren.

## Professor in Glass

Uit 1996 is de meer geprononceerde plastiek *De dageraad*, vervaardigd uit gesmolten en geslepen glas dat vervolgens in zuur is gepolijst. Dit object staat aan het begin van een nieuwe fase in het leven van Palová. In dat jaar namelijk wordt zij aangesteld aan de University of Sunderland in Engeland als *Professor in Glass* aan de School of Arts, Design and Media. Palová begeleidde haar studenten in

de geest van Václav Cígler, wiens visie zij dertig jaar later nog steeds actueel vond en waaraan zij haar eigen benaderingswijze heeft toegevoegd. Haar rol in de ontwikkeling van het moderne glas in Engeland werd als zeer stimulerend ervaren, reden waarom zij alom werd gerespecteerd. Maar ook voor Palová zelf heeft haar aanstelling in Sunderland veel betekend en een krachtige stimulans gegeven in het ontdekken van nieuwe mogelijkheden. Van 1996 tot 2003 is zij aan de school verbonden geweest, temidden van een internationale groep kunstenaars onder wie de Tsjech Jiří Harcuba en haar echtgenoot Štěpán Pala. Een andere docent die uit Tsjechië afkomstig was, was de Praagse Sylva Petrová die op haar initiatief tot *Professor of Research* werd benoemd. Van groot betekenis was de samenwerking van Palová met Dan Klein, een internationaal gerespecteerd glasexpert die vele belangrijks publicaties op zijn naam heeft staan. Wanneer in 1999 in de Habat Galleries te Florida (USA) een tentoonstelling van haar werk wordt georganiseerd, roemt Klein haar onbetwiste gave steeds de juiste proporties te realiseren. In 1998 is Palová

The result is to make the objects seem less heavy and massive, while elements like light and colour determine the way they appear to the individual viewer. Their dramatic impact is emphasised by the contrast between matt, unworked areas and shiny surfaces and by the integration of a secondary form of smaller dimensions within the main form.

## Professor in Glass

The strongest piece is *Dawn*, made in 1996 of kilncast and cut glass with subsequent acid polishing. This object marked the start of a new phase in Palová's life. In that year, the University of Sunderland (England) appointed her as Professor in Glass at its School of Arts, Design and Media. Palová's pedagogical approach was in accordance with the spirit of Václav Cígler, whose ideas still seemed modern to her thirty years after he first propagated them and to which she gave her own slant. Her role in the development of modern glass in England is seen as extremely stimulating and has won her universal respect. But the

chair in Sunderland also meant a great deal to Palová herself, giving her powerful encouragement to discover and explore new avenues. She was attached to the school between 1996 and 2003, surrounded by an international group of artists including three of Czech origin: Jiří Harcuba, her own husband Štěpán Pala, and Sylva Petrová, who came from Prague and was appointed Research Professor at her suggestion. She also had a collaboration of great importance with Dan Klein, an internationally respected glass expert with many major publications to his name. In 1999, when an exhibition of her work was held at the Habat Galleries in Florida (USA), Klein praised her gift for always achieving the right proportions. In 1998 Palová was one of the founders of the University of Sunderland's Institute for International Research in Glass, which Sylva Petrová now heads.

There is a second reason why 1996 was an important year for Palová. It was then that — at the invitation of the chairman of the Dutch Association of Insurers, Sam Jonker — she produced the monumental glass object

één van de oprichters van het Institute for International Research in Glass aan de University of Sunderland waarvan Petrová de huidige directeur is.

1996 Was ook in een ander opzicht een belangrijk jaar. Palová realiseerde toen namelijk op initiatief van Sam Jonker, destijds voorzitter van het Verbond van Verzekeraars, het monumentale glasobject *Bewaker* in de hal van het nieuwe kantoorgebouw van het Verbond van Verzekeraars in Den Haag. Voor dezelfde ruimte werd van Štěpán Pala de al bestaande optische glassculptuur *Ring* aangekocht. Ter gelegenheid hiervan verscheen de publicatie *Glass Sculptures in the New Building of the Verbond van Verzekeraars* waarin wordt ingegaan op hun beider plaats in de architectuur, het materiaal glas en de gecompliceerde technieken die zij in hun objecten toepasten. Twee jaar later ontwierp Palová de monumentale glasplastiek *Light Transformer* bij het gebouw van het National Glass Centre in Sunderland. Dit kunstwerk oogstte veel waardering, niet alleen bij het grote publiek, maar ook bij haar vakgenoten.

In de tweede helft van de jaren negentig houdt Palová zich bezig met de vervaardiging van gesmolten glasplastieken. In deze periode past zij als vorm vooral een op verschillende manieren gemodificeerde lens toe waarbij zij gebruik maakt van een zeldzaam rood, maar ook kleuren als blauw en paars.

Vanaf omstreeks 2000 wordt de toch al royale maatvoering van haar objecten nog groter. Dit was mogelijk dankzij een nieuwe techniek die zij samen met Štěpán Pala had ontwikkeld. Een voorbeeld hiervan is de glasplastiek *Mosty* die uit drie op elkaar gestapelde delen bestaat waarmee een hoogte van maar liefst 220 cm. wordt bereikt. Even imponerend zijn de afmetingen van het object *Modrý lúč* uit 2003 dat 198 cm. hoog is en 24 bij 10 cm. meet. In haar recente werk blijft zij scherpe lichtbundels combineren met de zachtheid van vibrerende, verticale structuren.

## Twee-eenheid
Hoewel Zora Palová en Štěpán Palá allebei een eigen, unieke stijl hebben, vormen zij een hechte eenheid vol wederzijdse

entitled *Guardian* for the lobby of the Association's new headquarters in The Hague. *The Circle*, an existing optical glass sculpture by Štěpán Pala, was also acquired for the same space. The occasion was marked by the publication of a brochure entitled *Glass Sculptures in the New Building of the Verbond van Verzekeraars*, which discussed the place of both pieces in the architecture of the building, the material qualities of glass, and the complex techniques they employed in their objects. Two years later, Palová designed the monumental glass sculpture *Light Transformer* for the National Glass Centre in Sunderland. The work was highly praised, not only by the general public, but also by other glass artists.

In the second half of the '90s, Palová concentrated on producing kilncast sculptures. Throughout the period, her main form was a lens, modified in various ways and used in combination with blue, purple and a particularly rare red colour.

Her objects have always been large, but since around 2000 their dimensions have become even more generous.

This has been made possible by a new technique developed in collaboration with Štěpán Pala. One example is *Mosty*, a glass sculpture comprising three components superimposed on each other to reach a height of no less than 220 cm. The dimensions of her 2003 object *Modrý lúč* are equally impressive: the piece is 198 cm high and measures 24 cm by 10 cm across. In her recent work she has continued to combine sharp beams of light with the softness of vibrating vertical structures.

## Inseparable partnership
Although Zora Palová and Štěpán Palá possess their own unique styles, they enjoy a close partnership informed by mutual respect. At Zora's insistence, they have a wide involvement in the community and take a great interest in the work of other artists. They keep a close eye on developments in contemporary Slovak glass art compared to that being produced elsewhere in Europe and the world at large. Thanks to their commitment to glass and their expert knowledge of the material, they have been responsible for

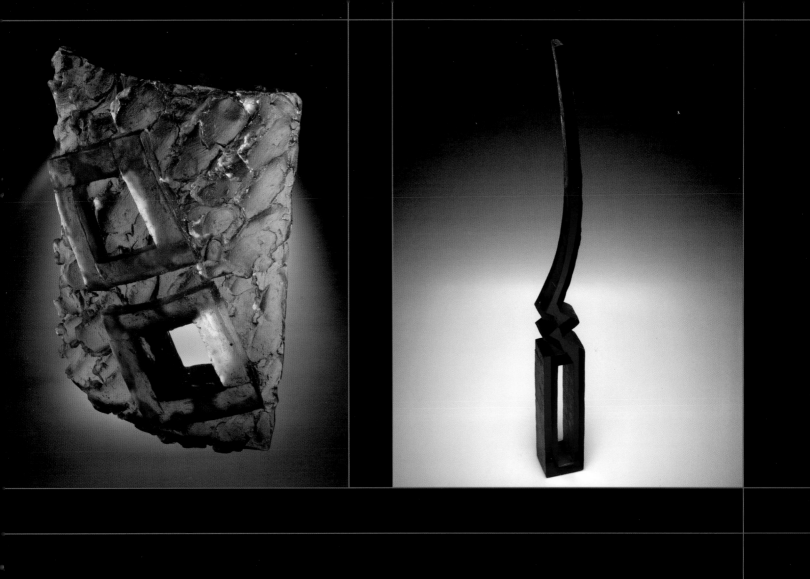

waardering. Aangespoord door Zora nemen zij deel aan
een breed maatschappelijk leven en hebben zij een grote
belangstelling voor het werk van andere kunstenaars.
Nauwgezet volgen zij de ontwikkelingen van het moderne
Slowaakse glas in relatie tot de Europese en internationale
glaskunst. Dankzij hun sterke verbondenheid met glas en
hun grote kennis van dit materiaal zijn zij verantwoordelijk
voor menig initiatief om de glaskunst verder te ontwikkelen.
Zo stonden zij mede aan de basis van het samenwerkingsverband *Združení S.K.L.O.* waaraan ook de glaskunstenaars
Miloš Balgavý, Pavol Hlôška en Juraj Opršal deelnamen.
In 1994 organiseerden zij het symposium S.K.I.C.A. Hoewel
hun samenwerking van een kortstondige duur is geweest,
heeft deze zeker bijgedragen aan de individuele ontwikkeling
van de deelnemers en is tussen hen een hechte eenheid
gesmeed.

many initiatives aimed at fostering further developments
in glass art. For example, they had a hand in establishing
the *Združení S.K.L.O.* cooperative, in which glass artists
Miloš Balgavý (b. 1955), Pavol Hlôška (b. 1953) and Juraj
Opršal (b. 1953) were also involved. In 1994 they organised
the S.K.I.C.A. symposium. Although the cooperative was
of short duration, it undoubtedly contributed to the individual development of the participants and forged a close
bond between them.

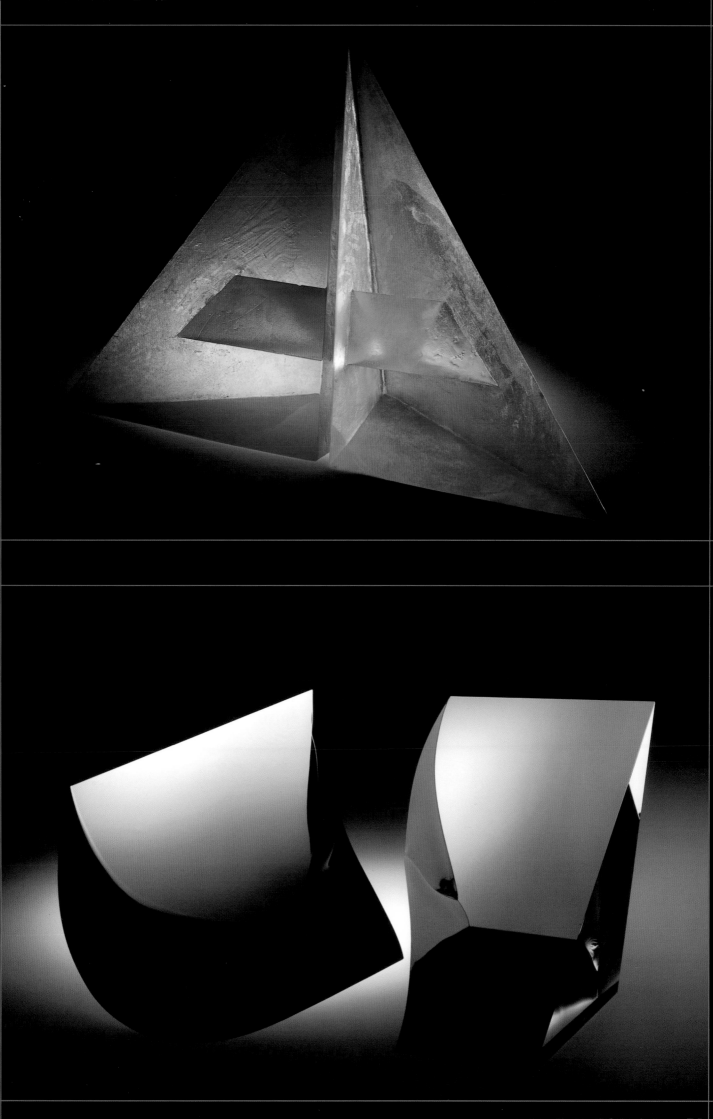

## Solotentoonstellingen/
## Solo exhibitions

**1989** Gallery Nadir, Annecy;
Galerie Rob van den Doel,
Den Haag/The Hague
**1990** Galerie Art et Créations, Lyon
**1991** Galerie Internationale du
Verre, Biot; Galerie d'Éclat du Verre,
Parijs/Paris
**1992** Galerie Pollack, Montpellier
**1993** Glasgalerie, Saarbrücken;
Galerie Phídias, Queberon
**2003** Galerie Nadir, Annecy

## Werk in/
## Works displayed at

Galéria mesta Bratislavy, Bratislava;
Slovenská národná galéria,
Bratislava; Glasmuseum, Ebeltoft,
Ebeltoft; Musée des Arts Décoratifs,
Lausanne; Museum of Contempo-
rary Art, Moskou/Moscow; Musée
de Beaux Arts, Rouen; Musée du
Verre, Sars Poteries; Musée National
de Céramique de Sèvres, Sèvres;
Galerie Lobmayr, Wenen/Vienna

# Josef Tomečko

**1945, Žichovice, Tsjecho-Slowakije/Czechoslovakia**

**1959-1963** SOŠS (Glasschool/Secondary School for Glassmaking),
Železný Brod
**1963-1966** Kunstacademie, afdeling Glas in architectuur/
Academy of Fine Arts, Glass in Architecture Department, Bratislava

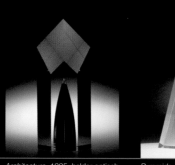
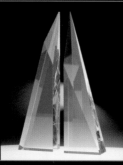

*Architecture*, 1995, helder optisch glas/clear optical glass, h. 18 cm

*Pyramids*, 1992, optisch glas/optical glass, gesmolten/melted, gepolijst/polished, h. 25 cm

## Een opleiding tot metalen mallenmaker

Josef Tomečko werd als een van de zes kinderen geboren in het Tsjechische Zichovice, in zuidwest Bohemen. Vanwege de 'verkeerde' politieke overtuiging van zijn vader, die rechten had gestudeerd aan de Praagse Karlova universiteit, werd het gezin gedwongen van Slusovice (bekend van de fabricage van lucifers) naar Roznava te verhuizen, een armer deel in het oosten van het toenmalige Tsjecho-Slowakije, waar Tomečko sr. tot zijn dood zou moeten blijven wonen.

Door deze gedwongen overplaatsing werd Josef Tomečko zich al op jonge leeftijd pijnlijk bewust van het grote contrast tussen de twee 'werelden' Tsjechië en Slowakije. Na zijn jeugd in deze arme omgeving te hebben doorgebracht, besloot Tomečko te gaan studeren in het zowel cultureel als economisch meer ontwikkelde Bohemen. Aanvankelijk werd hij na het succesvol afleggen van de examens toegelaten tot de Middelbare School voor Toegepaste Kunsten in Bratislava. Deze school had een samenwerkingsverband met de Tsjechische Middelbare School voor Glasverwerking in Zelezny Brod, naar welke school Tomečko vanwege zijn interesse voor glas in 1958 werd overgeplaatst. Hier specialiseerde hij zich in het ontwerpen en vervaardigen van metalen mallen voor de fabricage van geperst glas en maakte hij kennis met alle aspecten van metaalbewerking, een kennis die hem later in moeilijke tijden nóg van pas zou komen. In 1963 voltooide Tomečko zijn opleiding als metaalgraveur voor glasfabricage. De leraren die in deze periode het meest van invloed op zijn ontwikkeling zijn geweest, waren Břetislav Novák sr. en Miloslav Klinger. Daarnaast heeft Tomečko bij de vermaarde glaskunstenaar Stanislav Libensky gestudeerd.

Na zijn afstuderen in Zelezny Brod krijgt Tomečko, zoals dat in de toenmalige planeconomie gebruikelijk was, zijn eerste werkplek toegewezen bij de glasfabriek van Nemcowe. Omdat hier alleen massaglas werd gemaakt, zocht hij naar een werkomgeving waar met kunstenaars werd gewerkt. Zo kwam hij eerst in het Slowaakse Rozumberok terecht en vervolgens in Bratislava, in een atelier waar ontwerpen van kunstenaars werden gerealiseerd. Hier hield Tomečko zich voornamelijk bezig met de vervaar-

## Training in the production of metal moulds

Josef Tomečko was born in the Czech town of Zichovice, in south-west Bohemia. His father, who had studied law at Prague's Karlova (Charles) University, held 'incorrect' political views. These eventually led to his permanent exile, together with his wife and six children, from Slusovice (well-known for its match industry) to Roznava, a poorer area in the east of what was then Czechoslovakia. This exile made Josef Tomečko painfully aware at a very early age of the sharp contrast between the two separate 'worlds' of the Czech and Slovak Republics. After growing up in this deprived area, Tomečko decided to move back to the culturally and economically more developed region of Bohemia for his professional training. He passed the entrance exams for the Secondary School for Applied Arts in Bratislava and initially enrolled there. However, the school worked in partnership with the Czech Secondary School for Glassmaking in Železný Brod and in 1958 Tomečko transferred to that institution in order to pursue his special interest in glass. There, he specialised in the design and manufacture of metal moulds for the production of pressed glass and learned about all aspects of metalworking (knowledge that was later to prove extremely useful in hard times). In 1963, he completed his training as a metal engraver for glass manufacture. The teachers who had the greatest influence on his development during this period were Břetislav Novák sr. and Miloslav Klinger, although Tomečko also studied under the famous glass artist Stanislav Libenský.

After completing his studies in Železný Brod, Tomečko was assigned a job — as was usual in the planned economy of the time — at the Nemcowe glassworks. Because only mass-produced glassware was made there, he looked for alternative work in a place where artists were involved in the production process. This led to his employment first in Rozumberok (Slovakia) and later in Bratislava, in a studio executing designs by artists. His main activity there was making metal sculptures. Meanwhile, he was battling to gain admission to the Prague academy. At the time, this was more a question of having the right political back-

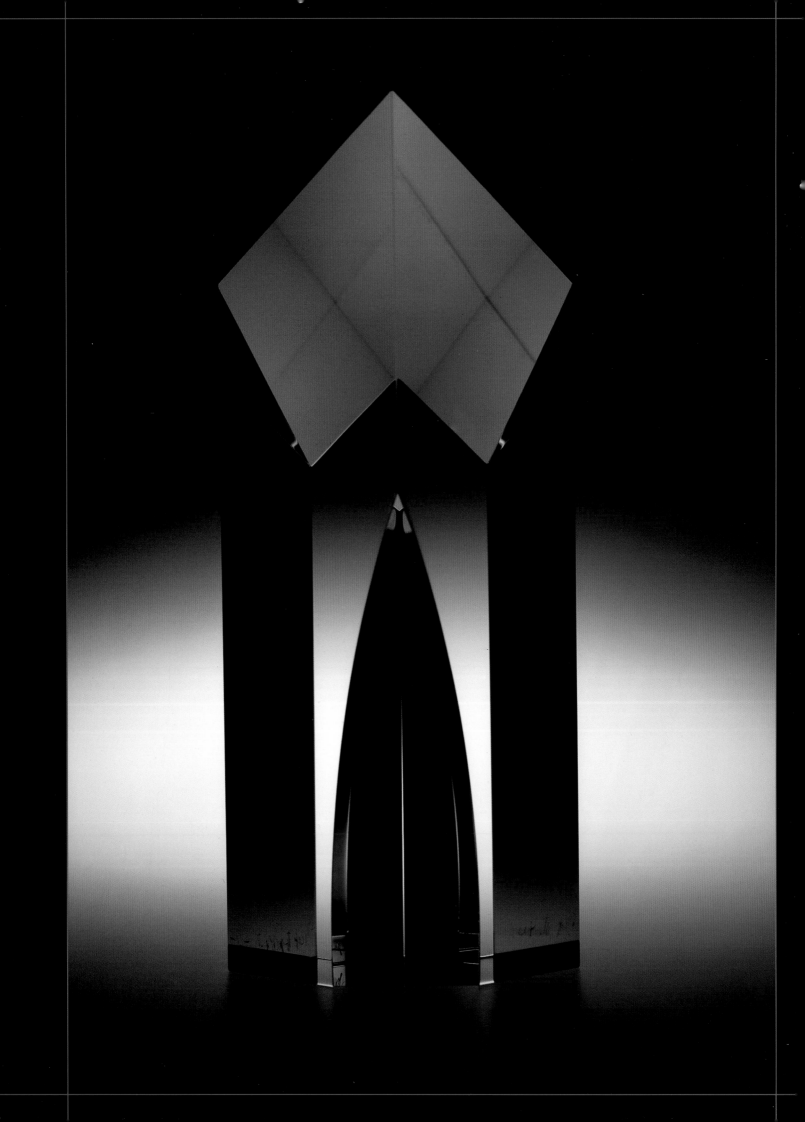

diging van metalen beelden. Intussen deed hij verwoede pogingen toegelaten te worden tot de Praagse academie. Dit was in die tijd niet zo zeer een kwestie van het behalen van toelatingsexamens, als wel van de juiste politieke achtergrond van de student en zijn familie. Pas in 1966 zou het Tomečko lukken te worden toegelaten, zelfs tot twee kunstacademies: zowel die van Praag als van Bratislava. Hij koos er voor zijn studie te vervolgen aan de kunstacademie in Bratislava waar Václav Cígler de afdeling *Glas in architectuur* leidde.

## Glas in theorie en praktijk

Josef Tomečko was erg onder de indruk van de 'verlichte' wijze waarop Cígler met zijn studenten omging. Hij gaf hun een grote artistieke vrijheid, maar verwachtte daarnaast wel een zekere mate van eigen verantwoordelijkheid. De studenten voelden zich sterk aangesproken door zijn filosofische aanpak en door het brede spectrum van de kunst waarmee hij hen in aanraking bracht. Zo werden de mogelijkheden en onmogelijkheden besproken die de studenten tegenkwamen wanneer zij zich met industriële ontwerpen bezighielden. Ook werd er gewerkt aan een nieuwe visie op het onderzoek naar de ontwikkeling en de toepassing van glas. De school nam aan verschillende tentoonstellingen deel, maar bereidde ook eigen exposities voor. Samen met zijn studenten heeft Cígler verschillende *glass workshops* georganiseerd.

De grote vrijheid die Cígler zijn studenten toen gaf, dwingt des te meer respect af als wij ons realiseren dat hij in die tijd een moeilijke periode doormaakte die te maken had met het toenmalige politieke klimaat. Dankzij zijn levensovertuiging en buitengewone intelligentie heeft Cígler zich echter nooit laten inkapselen door het politieke systeem van die jaren.

Door de goede contacten die de academie met Tsjechische en Slowaakse glasfabrieken onderhield, kregen de studenten toegang tot de productieprocessen en konden ze meewerken aan de ontwikkeling en verbetering van verschillende technieken. In deze tijd deed Tomečko ervaring op in tal van glasfabrieken, zoals die van Karlovy

ground, both as an individual and as a family, than of passing the entrance exams. It was not until 1966 that Tomečko was able to gain admission, but then he was offered places at the academies of both Prague and Bratislava. He opted to enrol in Bratislava, where Václav Cígler was head of the *Glass in Architecture* Department.

## Glass in theory and practice

Josef Tomečko was immensely impressed by the 'enlightened' way in which Cígler taught his students, allowing them great artistic freedom but, at the same time, expecting them to display a degree of personal responsibility. The students were highly enthusiastic both about his philosophy and about the wide range of art to which he introduced them. For example, he discussed with them the opportunities and constraints implicit in industrial design work and the department worked on a new experimental approach to the development and use of glass. The school took part in various outside exhibitions as well as holding its own shows, and Cígler organised various glass workshops together with his students.

The freedom that Cígler allowed his students compels particular respect in view of the difficulties under which he was operating, given the political climate of the time. However, his convictions and extraordinary intelligence always enabled him to avoid being straitjacketed by the political system of the day.

The close contacts between the academy and Czech and Slovak glassworks gave the students access to industrial production processes and enabled them to take part in the development and improvement of various techniques. During his time at the academy, Tomečko gained experience at numerous glassworks, including those at Karlovy Vary, Moser and Turnov, at the last of which work was going on to develop a new method of crystal production. Tomečko also worked at the Meopta factory in Prerov, a glassworks specialising in photosensitive glass. It was there that he encountered the technique for laminating glass with aluminium foil that he was later to use in his own work.

Vary, Moser en Turnov, in welke laatste fabriek aan een nieuwe methodiek voor het vervaardigen van kristal werd gewerkt. Tomečko heeft ook in de fabriek Meopta in Prerov gewerkt, een glasfabriek die is gespecialiseerd in fotosensitief glas. Hier kwam hij in aanraking met een techniek die de bewerking van glas met aluminiumfolie mogelijk maakt, een techniek die hij later in zijn eigen werk ook zou toepassen.

Volgens Tomečko is empathie voor glas als materiaal heel belangrijk. Men moet zich ervan bewust zijn dat glas van een amorfe kristallen structuur is die tot nu toe niet is gedefinieerd, noch mathematisch, noch natuurkundig. Glas begrijpen en al zijn gedaantes ontdekken, opent volgens hem eindeloos veel mogelijkheden.

De wereldtentoonstelling die in 1967 in Montreal plaatsvond, is voor de Tsjechische en Slowaakse glaskunstenaars een zeer succesvolle tentoonstelling geweest die een definitieve doorbraak betekende in de internationale waardering voor hun werk. De grote aandacht die hun inzending kreeg en de vele contacten die hieruit voortvloeiden, waren van groot belang voor de verdere ontwikkelingen. Vele galeriehouders, conservatoren en glaskunstenaars reisden naar Tsjecho-Slowakije af om zich ter plekke op de hoogte te stellen van de glaskunst. Onder hen waren vooraanstaande internationale glaskunstenaars als Dale Chihuly, Erwin Eisch, Marvin Lipovsky en de Nederlander Durk Valkema.

In 1972 rondde Tomečko zijn studie aan de academie in Bratislava af met een afstudeerwerk rond het thema 'bewoonbare en audiovisuele cel'. Net als zijn leermeester Cígler was hij met zijn ideeën zijn tijd ver vooruit. Zijn filosofische en creatieve geest en durf om zijn fantasievolle ontwerpen met doordachte en vooruitstrevende constructies en materialen te realiseren, kon echter niet de goedkeuring wegdragen van de toenmalige directeur van de school, Jan Kulich. Deze verweet Tomečko en andere studenten hun individualistische houding die niet strookte met het heersende socialistische collectivisme van dat moment. Achteraf bezien, verklaart Tomečko deze houding van Kulich uit het feit dat deze geen enkel begrip kon opbrengen voor de filosofische uitgangspunten van Cígler.

According to Tomečko, it is extremely important to have an empathy with the material nature of glass. You have to be aware that it has an amorphous crystalline structure which has so far escaped definition, either by mathematicians or by physicists. He says that a real understanding of glass and acquaintance with all its forms opens up endless avenues.

The 1967 World's Fair in Montreal brought the Czech and Slovak glass artists great success and triggered a permanent breakthrough in international appreciation of their work. The great interest in their entry and the numerous contacts that resulted had a huge impact on further developments. Many gallery-owners, museum curators and glass artists visited Czechoslovakia to gain an on-the-spot acquaintance with the country's glass art. They included leading international glass artists like Dale Chihuly, Erwin Eisch, Marvin Lipovsky and — from the Netherlands — Durk Valkema.

In 1972 Tomečko completed his studies at the Bratislava academy with a graduation project on the theme of the 'habitable and audiovisual cell'. Like his mentor, Cígler, his ideas were far in advance of the time. However, his philosophical and creative mentality and his daring but carefully considered use of innovative constructions and materials to execute his imaginative designs failed to win the approbation of the then director of the school, Jan Kulich. He criticised Tomečko and other students for their individualism, which was incompatible with the collective socialist ethos of the day. In retrospect, Tomečko explains Kulich's attitude on the basis of a complete antipathy to Cígler's basic philosophical principles. This animosity paralysed developments at the *Glass in Architecture* Department to such an extent that in 1979 Cígler decided to leave the academy. In 1982, his place as head of department was taken by a former student, Askold Žačko.

## Persona non grata

Tomečko was already well acquainted with Žačko. Shortly after graduating, he had joined with Žačko and Lubomír Artz to found an artists' collective called SKOCKO. This

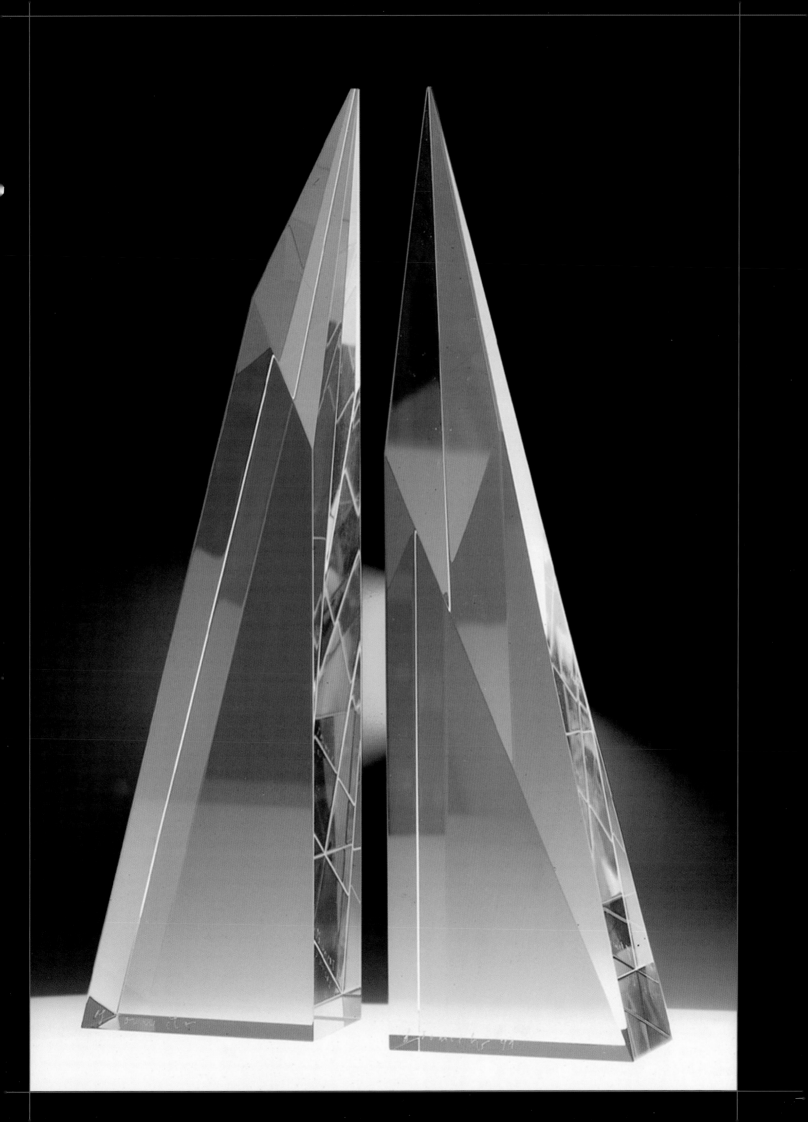

Deze animositeit werkte zo verlammend op de ontwikkelingen van de afdeling *Glas in architectuur* dat Cígler in 1979 besloot de academie te verlaten. Zijn vrijgekomen plaats werd in 1982 ingenomen door Askold Žačko, een van zijn vroegere leerlingen.

## Persona non grata

Voor Tomečko was deze kunstenaar geen onbekende, omdat hij kort na de voltooiing van zijn studie samen met Žačko en Lubomír Artz het kunstenaarscollectief SKOCKO had opgericht. Toen Žačko leraar aan de afdeling *Glas in architectuur* werd, zou hun samenwerkingsverband geleidelijk aan uiteenvallen. Van dit collectief maakte oorspronkelijk ook Pavol, de broer van Josef Tomečko, deel uit tot het moment dat hij begin jaren tachtig als politiek vluchteling naar Australië uitweek. Hierdoor brak er voor Josef en zijn gezin een moeilijke periode aan, waarin hij min of meer werd geboycot en gedwongen was om buiten het officiële circuit te werken. Zo moest zijn werk in de periode 1982 -1989 onder een andere naam worden verkocht. Het spreekt voor

zich dat Tomečko ook in economisch opzicht onder deze politieke druk had te leiden, een situatie die alleen maar verslechterde. Maar uit onverwachte hoek kwam uiteindelijk de redding. Omdat Tomečko in het bezit was van een goed ingericht atelier voor de verwerking en versmelting van glas en de bewerking van metaal, werd hem gevraagd op te treden als leverancier van metaalonderdelen voor meubels ten behoeve van een van de toenmalige productiecoöperaties. Zijn vindingrijkheid, technologische kwaliteit en snelheid, opgedaan tijdens zijn opleiding aan de Middelbare School voor Glasverwerking in Zelezny Brod, maakten het hem mogelijk dat werk dagelijks in een paar uur te voltooien. De rest van zijn tijd kon hij zo wijden aan zijn 'echte werk', het ontwerpen en uitvoeren van glas.

In de jaren tachtig werd de Slowaakse en Tsjechische glaskunst ontdekt door de Nederlandse galeriehouder Rob van den Doel, die een scherp oog had voor de internationale ontwikkelingen in de moderne glaskunst. Voor de export van het Tsjecho-Slowaakse glas was hij aangewezen op het door

gradually disintegrated after Žačko joined the teaching staff of the *Glass in Architecture* Department. Originally, its members had also included Josef Tomečko's brother Pavol but in the early '80s he defected to Australia. As a result, Josef and his family experienced a period of political difficulty in which he was more or less boycotted and compelled to work outside the official system. Between 1982 and 1989, for example, he had to sell his work under another name. This political pressure naturally affected Tomečko's financial position, which became increasingly desperate. Salvation was eventually to come from an unexpected quarter. Because Tomečko possessed a studio that was well equipped not only for hot and cold techniques of glassmaking but also for metalworking, he was asked to supply metal components to one of the furniture production cooperatives that then existed. The technical quality and speed that he was able to achieve thanks to his own ingenuity and his training at the Secondary School for Glassmaking in Železný Brod enabled him to meet these orders in just a few hours a day. This meant

that he could devote the rest of his time to his 'real work' — that of designing and executing glass art.

In the 1980s, contemporary Czech and Slovak glass art was discovered by Dutch gallery-owner Rob van den Doel, who had a keen eye for international developments in the field. To export glass from Czechoslovakia, however, he was dependent on the state-run SLOVART agency. Josef Tomečko was the first glass artist to take advantage of the new opportunities created by the Western European interest in contemporary glass art from Czechoslovakia. His flexibility and enterprise enabled him to get exports of glass art off the ground. So it was that Tomečko (who was later to set up his own gallery under the name Amber Way) blazed the trail that was eventually to lead to Dutch and wider Western European recognition of the glass art of Cígler and his school.

## Two-track oeuvre

Tomečko's work displays two parallel tracks. Firstly, there are autonomous objects and compositions constructed

de staat in het leven geroepen instituut SLOVART. Het was Josef Tomečko die als eerste glaskunstenaar inspeelde op de nieuwe mogelijkheden die de West-Europese belangstelling voor de moderne glaskunst uit Tsjecho-Slowakije bood. Dankzij zijn flexibele en ondernemende geest lukte het hem beweging te brengen in de export van glaskunst naar het buitenland. Hiermee stond Tomečko (die later zijn eigen galerie Amber Way zou oprichten) aan het begin van de lange weg die de glaskunst van Cígler en zijn school moest afleggen om uiteindelijk in Nederland en in de rest van Europa erkend te worden.

## Twee richtingen

In het werk van Tomečko kunnen wij twee richtingen onderkennen. De eerste is die van op zich zelf staande objecten en composities die zijn opgebouwd uit verschillende geometrische lichamen als euclidische polyeders, tetraëders en hexaëders. Een veel voorkomende vorm in zijn beginperiode is de triangel. Tomečko werkt veel met helder optisch glas dat hij in minimalistische vormen toepast. Vanaf de tweede

helft van de jaren tachtig ontstaan er nieuwe, meer expressieve en poëtische glasobjecten in sprekende kleuren. Een van de laatste objecten die in de traditie van Cígler staan, is Symbiose, in 2003 gemaakt van gesmolten en geslepen optisch glas.

De titel Symbiose staat voor het samenvloeien van twee diametraal op elkaar staande toepassingen van de materie optisch glas. Oorspronkelijk was dit materiaal bedoeld voor de wapenindustrie, bijvoorbeeld glas toegepast in de kijkers van tanks. Met Symbiose toont Tomečko echter aan dat van hetzelfde materiaal dat voor de vernietigende kracht van een wapen is geproduceerd, ook een kunstobject kan worden gemaakt. Deze op het eerste gezicht absurde contradictie heeft ook een economische oorzaak. De productiekosten van optisch glas zijn erg hoog omdat het glas homogeen moet zijn, dat wil zeggen dat het tijdens de productie absoluut helder moet blijven. Het vervaardigen van dergelijk kostbaar materiaal zou dan ook nooit mogelijk zijn als het alleen toepassing vond in de kunst. Vandaar dat het kunstobject Symbiose

157

of various geometrical bodies such as Euclidian polyhedrons, tetrahedrons and hexahedrons. A recurrent form in his early period is the triangle. Tomečko tends to work with clear optical glass, used in Minimalist forms. In the second half of the 1980s, however, he began to create new, more expressive and poetic glass objects of this kind, featuring strong colours. One of his last objects in the tradition of Cígler is Symbiosis, made in 2003 from melted and cut optical glass. The title of this work refers to the marriage of two diametrically opposed uses of optical glass. The material was originally produced for use in the arms industry (for example, in the viewing prisms of tanks). In Symbiosis, however, Tomečko shows that the same material can be used creatively to make an art object. This at first sight absurd contradiction between the material's destructive and creative potential also has an economic dimension. Optical glass is extremely expensive to produce because it has to be homogenous (in other words, it is vital that it remains totally transparent during its production). In fact, the production costs would be pro-

hibitive if its only use was in art. So Symbiosis symbolises the paradox between the 'good' and 'bad' uses of optical glass.

The second track in Tomečko's oeuvre consists of objects featuring solidified anthropomorphic and animal forms made of coloured and cut optical glass. From the 1960s onwards, he has produced a wide variety of objects of this kind. They include the poetic glass birds with their flowing lines and subtle colours exhibited in Galerie Nadir, Annecy (Switzerland) in 2003, but also the imposing Yoshiko T produced ten years earlier. This portrait is echoed by a number of later portraits of young women in red, reminiscent of the figurative tendencies in the work of Lubomír Artz during the 1990s.

Tomečko had to pay a heavy price for his family's political dissent under the Communist regime. Nevertheless, when asked about the aims of his artistic career, he says that he has never had any definite plan and that his art has developed more or less spontaneously. His commitment to the Glass in Architecture Department is demonstrated

de paradox symboliseert tussen de 'goede' en de 'slechte' toepassing van optisch glas.

De tweede lijn die steeds in het werk van Tomečko aanwezig is, zijn objecten van gestolde, antropomorfe en dierlijke vormen uit gekleurd en geslepen optisch glas. Vanaf de jaren zestig zien we deze glasobjecten in allerlei variaties. Hiertoe behoren de poëtische glazen vogels met hun vloeiende lijnen en subtiele kleuren die in 2003 op de tentoonstelling in Galerie Nadir te Annecy (Zwitserland) waren te zien, maar ook het indrukwekkende portret *Yoshiko T* van tien jaar eerder. Dit portret klinkt later na in een aantal portretten van jonge vrouwen in rood die herinneringen oproepen aan de figuratieve tendensen in het werk van Lubomír Artz uit de jaren negentig.

Wanneer Tomečko, die een zware tol heeft moeten betalen als kunstenaar tijdens een politiek ongunstig bewind, gevraagd wordt waartoe zijn kunst moet leiden, antwoordt hij dat hij nooit een vastomlijnd plan heeft gevolgd en dat zijn kunst min of meer als vanzelf ontstond. Zijn grote verbondenheid met de afdeling *Glas in architectuur* blijkt uit

het feit dat Tomečko in de jaren 1990-1995 elk jaar een geldbedrag ter beschikking heeft gesteld voor de beste student van deze afdeling. In de geest van Cígler liet hij de student volkomen vrij, maar omdat dit stipendium niet altijd even goed werd begrepen, is hij er na vijf jaar mee gestopt. Zoals meerderen van zijn generatie, beschouwt Tomečko de tentoonstelling *Václav Cígler en zijn leerlingen* die in 2003 zowel in Praag als Bratislava plaatsvond als een doorbraak. Deze tentoonstelling was het ultieme bewijs van de juistheid van de overtuiging van Cígler dat 'als we eerlijk voor onszelf zijn, we onze persoonlijkheid in ons werk projecteren'.

by the annual scholarship that he offered over the 1990-1995 period for its top student. True to the spirit of Cígler, he imposed no conditions on the use of the money, but his reason for terminating the scheme after five years was that the recipients appeared not always to understand its purpose. Like the majority of artists of his generation, Tomečko thinks the 2003 exhibition *Václav Cígler and his students*, on show in both Prague and Bratislava, was a landmark event. It was the ultimate proof that Cígler was right to believe that 'if we are true to ourselves, we will project our personalities in our work'.